KiWi
PAPERBACK

1101

Das Buch

Harald Schmidt öffnet sich nach vielen Büchern nun auch privat dem Leser. Ein Journal der Abgründe, das den Leser zum Nachdenken zwingt.

Dieses Buch kommt unerwartet. Bis dato lag über Harald Schmidts Privatleben ein dichter Schleier der Diskretion. Nun die Kehrtwende – ein zu allem entschlossener Autor spricht Klartext: über »das erste Mal«, in Ungarn, am Plattensee. Über seine Vorlieben: die Lomi-Lomi-Massage auf Kreuzfahrten. Über die größte Gefahr: das Umschlagen von Sex in Freundschaft. Überraschenderweise fallen auch Namen, wenn auch in anderen Zusammenhängen: Barbra Streisand, Andrea Kiewel, Lucile Desmoulins, Andrea Nahles, Carla Bruni, Simone de Beauvoir und Gabriele Pauli.

Und am Rande erfährt der Leser, was den 51-jährigen Familienvater Harald Schmidt heute interessiert: die kleinen Irrtümer der Banken, Frauen, die im Netz einkaufen, Gleitsichtbrillen und die Gefährlichkeit von Legosteinen für Erwachsene, die im Dunkeln barfuß durch die Wohnung laufen.

Der Autor

Harald Schmidt, geboren 1957, Kabarettist, Schauspieler und Late-Night-Gastgeber.

Weitere Titel bei Kiepenheuer & Witsch

»Tränen im Aquarium«, KiWi 318, 1993. »Warum?«, KiWi 452, 1997. »Wohin?«, KiWi 557, 1999. »Quadrupelfuge«, KiWi 704, 2002. »Avenue Montaigne«, KiWi 817, 2004. »Mulatten in gelben Sesseln. Die Tagebücher 1945–52«, KiWi 913, 2005. »Sex ist dem Jakobsweg sein Genitiv«, KiWi 1019, 2007.

Harald Schmidt

Ich hatte 3000 Frauen

Deutschlands größter
TV-Star packt aus

Die Focus-Kolumnen

Kiepenheuer & Witsch

1. Auflage 2009

© 2009 by Verlag Kiepenheuer & Witsch, Köln
Umschlaggestaltung: Barbara Thoben, Köln
Umschlagmotiv: © picture-alliance/dpa
Gesetzt aus der Stempel Garamond und der Helvetica
Satz: hanseatenSatz-bremen, Bremen
Druck und Bindung: CPI – Clausen & Bosse, Leck
ISBN 978-3-462-04104-0

Inhalt

»Ich kann den Dalai Lama nicht mehr sehen!«
Hit the Road, Jack: Promis, Sport & Medien

»*Laut Statistik fehlen plötzlich 1,3 Mio. Bundesbürger.*
Und die können unmöglich alle Heilpraktiker sein.«

Lifestyle, Fitness und andere Seniorensportarten:
Deutschland, demographisch

»*Wer bei uns zum Geldautomaten geht,*
hört nur noch ein Röcheln.«

Von Blue Chips bis Schimpansenbank:
Ratgeber Wirtschaft und Finanzen

*»Verzweifelt gesucht: eine geniale Schwuchtel,
die schreiben kann.«*

One world, one school:
Kultur, Bildung und Wissenschaft

*»Oma schunkelt leise mit, wenn
Frank-Walter Steinmeier spricht.«*

**Ewige Liebe und ein Hauch von Glamour:
Politik & Politiker**

Vorwort

Buchhandlung Wittwer, Stuttgart, Schlossplatz:

*»Grüß Gott, haben Sie das neue Buch
von Rainald Goetz?«*
»Ja, dahinten, bei Humor.«

Tschuldigung! Der Titel ist wirklich ein bisserl arg platt, aber ich konnte mich gegen das ZK des Verlages nicht durchsetzen.

Meine ursprüngliche Idee war *Harry Tintenbiss und die Leber des Feuchten.*

Meiner Ansicht nach eine schlaue Fortsetzung des letzten Bestsellers *Sex ist dem Jakobsweg sein Genitiv.*

Locker zusammengewürfelte Begriffe aus wirklichen Bestsellern, die der eilige Kunde eh nicht so genau wahrnimmt.

Es hat mich mit Freude erfüllt, dass bei meinem letzten Buch so viele meiner Empfehlung gefolgt sind und eine eigene Talkshow eröffnet haben. Das zeigt, dass Mut und Selbstvertrauen immer noch wichtiger sind als Talent und Ausbildung.

Heute, Anfang 2009, möchte ich Sie fragen: Warum haben Sie noch kein Buch geschrieben?

Ein Buch zu schreiben ist fast noch einfacher, als eine Talkshow zu moderieren. Natürlich reden wir hier nicht von ernsthaften, schweren Stoffen zwischen harten Deckeln. Diese Werke sind bereits alle geschrieben, und selbst wenn Ihnen so was wie die Buddenbrooks einfiele – was hätten Sie davon?

Irgendwann macht sich Dr. Breloer drüber her, und Sie können sich nicht mehr wehren.

Nein, wir reden hier von einem Taschenbuch, Kategorie Sachbuch. Diese Kategorie ist wichtig, um es auf die Bestsellerliste zu schaffen. In der Kategorie Belletristik (also mit Personen und Inhalt) ist es aussichtslos.

Taschenbuch/Belletristik ist alles, was vor zwei oder drei Jahren schon bei Hardcover/Belletristik abgeräumt hat. Und Hardcover ist komplett aussichtslos. Dort regieren die Paulo Köhlos und Karlos Rutz Zaffrons dieser Welt, also Weiberbücher zum Verschenken.

Ganz abgesehen von Rowling, Funke und Kolleginnen.

Selbst wenn Ihnen Feuilletontaugliches zum Thema Analrasur oder Dauerständer einfiele, würde ich es eher unter Sachbuch laufen lassen. Denn unter seriöser Literatur ist das Thema Muschi erst mal durch Charlotte ausgelutscht. Und zwar auf absehbare Zeit.

Dass *Feuchtgebiete* nicht in meinem Verlag erschienen ist, hat mich geschmerzt. Schließlich erscheint bei uns auch Maxim Biller, ein Autor mit ähnlichen Schwerpunkten. Der gute Maxim! Ich habe nie verstanden, warum die Justiz ihn dazu verurteilt hat, in seinem letzten Buch so ziemlich alles bis auf die Satzzeichen zu schwärzen. Können denn die paar Hundert Exemplare, die von nicht beleidigten Verwandten und treuen Freunden gekauft werden, wirklich ein Persönlichkeitsrecht verletzen?

Seit Maxim diesen Stress hatte, lese ich seine Kolumne in der FAS mit noch größerer Aufmerksamkeit. Sie wirkt immer so, als würde jemand versuchen, bei SingStar mit Kafka mitzuhalten.

Wenn Sie also Ihr erstes eigenes Taschenbuch in Angriff nehmen, können Sie durchaus alles verbraten, was einst bei der Schülerzeitung abgelehnt wurde. Auch Briefwechsel mit Kollegen aus andren Dritten Programmen werden vollumfänglich gedruckt.

Das Einfachste zum Start ist, Sie verheizen Ihre Fernsehshow noch mal als Buch. Denn das ist natürlich unerlässlich: Ihr Gesicht muss vom Fernseher bekannt sein.

In Verlagskreisen gilt als Faustregel, dass eine TV-Fresse drei Begabungen finanziert. Verkaufsmäßig. Immer hilfreich: ein möglichst witziges Zitat für die Rückseite oder als Pepperl vorne drauf von einem Kollegen.

Ich werde ständig nach solchen Zitaten gefragt und schreibe auch immer gerne was drauf.

Noch nie konnte ich mir vorstellen, dass es was nützt. Trotzdem wird es ständig angefragt.

Ja, und dann steht einer Autorenkarriere eigentlich nichts mehr im Weg. Sie sitzen in Talkshows, bei hippen Jugendradios, gehen auf Lesetour, und alle, die sich nach Lesungen ein Autogramm holen, wollen Sex mit Ihnen.

*»Könnten Sie den Kinderwagen
etwas mehr an die Seite stellen?«*

**Familie, Gesellschaft, Alltag:
Europa, soziologisch**

Das Gegreine über den demographischen Wandel in Deutschland gehört zu den verlässlichsten Dauerbrennern in den Medien. Die zahlreichen Varianten, in denen das Thema erscheint, haben natürlich damit zu tun, dass die Autorinnen und Autoren nur zu genau wissen, worüber sie schreiben.

Allgemein kann man sagen, dass es sich um Menschen mit desaströsem Familienleben handelt. Liebevoll formuliert. Wissenschaftlich stichhaltig werden unsere Medien von folgenden Gruppen kontrolliert:

1. Schwule
2. Singles
3. Alleinerziehende
4. Sie in HH, er in F
5. Ehen on the rocks

Diese Gruppen, die natürlich untereinander durchlässig sind, liefern im Schnitt zwei Titelgeschichten, Leitartikel oder Essays pro Woche mit folgenden Überschriften:

1. Deutschland ohne Kinder. Haben wir alle versagt?
2. Zug der Kinder – wenn Papi in Garmisch wohnt und Mutti in Kiel
3. Gay and Grey. Homosexuelle über 60 auf der Frankfurter Buchmesse
4. Alice wohnt hier nicht mehr. Bewegte Frauen erklären, warum sie die Emanzipation für veraltet halten

5. *Manchmal muss ich einfach weinen. Geschiedene Frauen erzählen, wie sie nach 25 Jahren Ehe mit 7000 Euro Unterhalt zurechtkommen müssen*
6. *Angebumst und ausgelutscht. Ein Medienjournalist schildert sein persönliches Schicksal seit der WM 2006*
7. *Ein Schamhaar in der Zahnbürste. Die entwürdigende Situation von zweifelnden Vätern beim heimlichen DNA-Test*
8. *Endstation Schule. Warum in Deutschland kein Unterricht mehr stattfindet*
9. *Wüste Deutschland. Was uns droht, wenn die Türkei nicht sofort EU-Mitglied wird. Von Heribert Prantl*
10. *Bei Müttern muss ich kotzen. Sechs erfolgreiche Frauen schildern, warum sie ganz bewusst auf Kinder verzichten. Mit einem Gastbeitrag von Ursula von der Leyen*

In jüngster Zeit schiebt sich allerdings eine Figur nach vorne, die das Zeug zur Ikone hat: Daddy Weichei, überwiegend Männer zwischen 35 und 45, die zum ersten Mal Vater wurden.

Dabei ist nicht die Rede von den Angehörigen des Prekariats, Raspelbirne und ein Ring in jedem Ohr, die im Unterschichtenfernsehen (Paul Nolte) vor laufender Kamera ins adipöse Gewebe der Frauen schluchzen, wenn diese in einer Lautstärke entbinden, die selbst mein RTL nicht wollen kann.

Nein, gemeint sind vielmehr die Protagonisten der Generation Umhängetasche/Rucksack, die einen aussichtslosen Platz im Mittelfeld unseres Mediensystems gerne gegen Väterurlaub tauschen.

Kein Schritt wird mehr ohne Kind gemacht. Eine vierspurige Stadtautobahn ist für das Rad mit Kinderanhänger gerade breit genug. Hat man je etwas Blöderes gesehen als einen Mann mit Fahrradhelm, dem das Kind vor der Brust baumelt?

Oft treffen sich die Daddy Weicheis zum Frühstück in einschlägigen Szenecafés. Kinder, die dabei nicht durch den Laden toben und ohne einen Anflug von Manieren auf alles patschen, was auf dem Tisch steht, gelten als verhaltensauffällig. Wenn der Ford Galaxy mit integrierten Kindersitzen auf den Parkplatz am Großmarkt biegt, fehlt eigentlich nur noch der Aufkleber: Jetzt ist Papi sterilisiert.

Das Vati-Buch

Ja, ich habe verheulte Augen! Nein, seit Wochen ist der einzige Augenblick am Tag, den ich wirklich ganz für mich habe, die Rasur. Und wenn ich abends todmüde auf der Couch eine ganze Schachtel Pralinen verdrücke (mmmmmmh), dann ist das verdammt noch mal nur ein winzig kleines Trostpflästerchen gegen den Frust. Ihr Väter da draußen, geht es Euch auch so?

Egal, ob Du Sven, Dirk oder Patrick heißt: Hast Du gewusst, dass Vater sein, das superdupertollste Gefühl der Welt, das wir gegen kein noch so geiles Männerwochenende eintauschen würden, auch bedeutet: Plötzlich passen wir nicht mehr in unsere Lieblingsjeans!? Trotz bleifreiem Bier bildet sich der Bauch nicht zurück!? Und wo sind unsere Kerlsabende geblieben: lecker Pizza bestellen, in dicken Wollsocken zu dritt unter einer Decke kuscheln und bei Leslie-Nielsen-DVDs Rotz und Wasser heulen?

Damit kein Missverständnis aufkommt: Die Geburt unserer Zwillinge Cheyenne und Blue-Bayou war das Mega-Erlebnis in meinem Leben. Pillepalle, was ich bis dahin erlebt hatte. Als sie mir den Mutterkuchen aufs Gesicht legten, schoss mir das Wasser waagrecht aus den Augen. Hey, Alter, das sind Momente, die vergisst Du nicht. Aber verdammt noch mal: Warum haben diese Hammerevents bisher nur Frauen aufgeschrieben und sich damit 'nen Arsch voll Kohle verdient? Egal, ob Amazon oder Bahnhofsbuchhandlung: Überall quillt Dir ein Mami-Buch entgegen wie abgelaufener Joghurt!

Auch wir Männer können nicht wirklich schreiben.

Aber uns haben die Hormone genauso das Hirn vernebelt, dass wir alles ins Laptop hacken, was uns zwischen vergessenem Windeleimer und gequetschter Pofalte bei Linksschläfern durch den Hüttenkäse wabert, den sie vor dem ersten Ultraschallfoto Hirn nannten.

Wem die Feststellbremse am IT-Kinderwagen beim Lösen den Mittelhandknochen zertrümmert hat, der darf das auch über zwei Kapitel gestreckt auf den Markt werfen. Ab jetzt wird zurückgeschrieben!

Reindrängeln

Von rechts über den doppelt durchgezogenen fetten Strich auf die Abbiegespur ziehen – die Individualisten unter uns wissen, dass die StVO da ist, um interpretiert zu werden.

Ähnlich wie die Noten einer Mozart-Sonate oder die Worte eines Goethe-Gedichts erst durch künstlerisch wertvolle Entpapierisierung unser Herz erreichen. Oder auch der klassische Sechser im Fußball, der bei Bedarf einen Zehner geben kann, vorausgesetzt, der Linksverteidiger interpretiert seine Rolle offensiv. Buchstabentreue war gestern, Interpretation ist das Gebot der Stunde. Arschloch! Brutal wie eine Vollbremsung muss hier zurück zum Thema des Reindrängelns auf unseren Autobahnen gekehrt werden. Denn fluchen und in die Mücken steigen ist eins, wenn links von einem dichtgemacht wird.

Der professionelle Reindrängler hat drei potenzielle Partner, wenn er kurz vor der Böschung rüberwill.

1. Der Penner. Sitzt verpennt hinter seinem Steuer, Ohren zugestöpselt, leicht verträumtes Trommeln der Fingerspitzen auf dem Lenkrad. Chris de Burgh? U2? Helmut Lotti? Egal. Der Penner lässt einen heiligendammesken Abstand zum Vordermann, hat sich bereits nach Verlassen der häuslichen Garage auf die richtige Spur eingeordnet und lässt Sie unbemerkt rüber. Fast ein bisschen langweilig.

2. Der Dichtmacher. Hat den Blick stur nach vorn gerichtet, klebt an der hinteren Stoßstange des Vordermanns und riskiert eher einen Auffahrunfall, als auch nur einen Nanometer Platz zu machen. Überwiegen-

der Fahrzeugtyp: Mittelklassewagen, für den er noch 70 Euro mehr will als auf der Schwackeliste. Accessoire: selbsttönende Sonnenbrille aus den Endsiebzigern mit abblätternder Bügellegierung. Zwischen Staubeginn und -ende muss er mindestens zweimal den Saugnapf vom Billignavi wieder dran machen. Aggressionspotenzial: sehr, sehr hoch.

3. Der Terminator. Fast ausschließlich in nagelneuen Lkws mit extrem cooler Aufmachung anzutreffen. Lässt Sie etwa bis zur Hälfte Ihrer Kühlerhaube rein, dann kommt eine Lichthupe, verglichen damit ist Flutlicht Candlelight. Scheibe schwarz, Reifen zermalmend, Bremsweg fehlt. Sie denken nur noch eins: Steven Spielberg, Duell.

PS: Wir wollen nicht verschweigen, dass es auch den Entspannten gibt, der einen lässig rüberwinkt. Aber mal ehrlich: Wollen wir den?

Grundnahrungsmittel

Das Volk kann sich keine Milch leisten? Soll es doch Champagner trinken! Für Zynismus und Menschenverachtung ist hier kein Platz, aber ein wenig erstaunt es doch, dass nach dem Milchschock die große Butterwut ausgeblieben ist. Hatte man uns nicht zum 1. August Preiserhöhungen bis zu 50 Prozent versprochen? Und das bei Produkten, deren Preise nun wirklich jeder im Kopf hat, aus der sogenannten »weißen Linie« (hahaha!): Milch, Butter, Joghurt.

Das weiß jeder, der in einschlägigen Fernsehsendungen einmal Politiker erlebt hat, die aus Gründen der Volksnähe wissen mussten, was ein Liter Kartoffeln oder eine Tonne Joghurt kostet. Anders als beim Grundnahrungsmittel Benzin blieb bei dieser Preiserhöhung nicht nur der Volkszorn aus. Auch in den Erzeugnissen unseres Qualitätsjournalismus (erkennbar an Nichtübertragung von Tour de France sowie Nichterwerb von Fernsehsendern) wurde um Verständnis geworben.

Fazit: Lieber mal den Sonntagsausflug zum Milchsee oder auf den Butterberg streichen und dafür 20 Euro für einen Becher Joghurt zahlen. Grundnahrungsmittel werden knapp (Globalisierung!), wenn man bedenkt, was allein der Asiate an Milch wegkübelt, obwohl er sie gar nicht verträgt. Hinzu kommt, dass man 1970 für ein halbes Pfund Butter 22 Minuten arbeiten musste, heute nur noch vier. Wer aber nur vier Minuten arbeitet, sollte auf Butter lieber ganz verzichten, wegen des Todesstoffs Cholesterin. Man sieht: Wo die Vernunft regiert, hat der Populismus keine Chance.

Zudem geben die Deutschen nur einen Bruchteil ihres Vermögens für Milchprodukte aus. Auch der Verfasser dieser Zeilen geht häufig noch mal schnell Milch holen und kommt mit einer Flasche Wodka wieder aus dem Supermarkt. Diese ist noch dazu mit einem würdelosen klobigen Diebstahlschutz auf dem Verschluss gesichert, der vor allem bei Kindern Unverständnis auslöst, weil die doch »ganz oft Leute sehen, die schnell aus der Flasche was trinken und die dann wieder ins Regal stellen«. Dem deutschen Verbraucher kann es also schnuppe sein, was das Nahrungsmittelkartell für das Barrel Rohmilch verlangt. Wir trinken den Kaffee schwarz und tunken das Weißbrot in Olivenöl.

Gefährliches Spielzeug

Der Chef einer großen chinesischen Zulieferfabrik für Spielwaren hat sich erhängt. Das kommt bei deutschen Führungskräften zum Glück selten vor. Hier wechselt man eher in den Aufsichtsrat, falls es mal zu Fehlern in der Geschäftsführung kommt.

Die Firma des bedauernswerten Chinesen ist einer der großen Zulieferer von Mattel. Und der amerikanische Weltmarktführer hat jetzt zum zweiten Mal innerhalb von 14 Tagen nach einer internen Qualitätskontrolle Spielzeug zurückgerufen. Freiwillig. Zu hoher Bleigehalt in Farben und zu locker sitzende Magnete an Puppen, die verschluckt werden könnten. Für deutsche Eltern besteht allerdings kein Grund zur Sorge, wenn ihre Kinder fast magnetisch am Kühlschrank kleben. Fast immer ist es nur der Wunsch nach stark gezuckerten Fruchtsäften oder Schokoladenaufstrichen, der die Kleinen an dem Kühlschrank rütteln lässt.

Nicht alle verhalten sich dabei so vorbildlich wie der CEO von Mattel, Bob Eckert. In ganzseitigen Annoncen (»Weil Ihre Kinder auch unsere Kinder sind«) gibt er uns sein persönliches Versprechen, dass dieses Problem (Blei und Magnete) »mit Integrität und Verantwortungsbewusstsein« beseitigt wird. Thank you, Bob.

Wie aber sieht es aus mit den Herstellern von Seilen, Wolldecken und Bauklötzen? Für Kinder nahezu ungefährlich, können sie für ahnungslose Eltern zu reinsten Todesfallen werden. Hat sich jemals ein Hersteller für Seile entschuldigt, die vor einer Treppe gespannt werden, damit Plastikpferdchen nicht von der Koppel springen? In Knöchelhöhe sind sie für einen normalen Familienvater nicht wahrnehmbar. Auf dem hastigen morgendlichen Weg nach unten in die Küche wirken sie stärker als ein Bremsfallschirm. Wo ist der Warnhinweis auf Wolldecken, dass es sich hierbei um die improvisierte Bedachung einer Höhle im Wohnzimmer handeln kann? Wer sich angesichts der Bilder aus dem Nahen oder auch Fernen Osten fassungslos langsam nach hinten setzt, wo bis gerade noch ein Stuhl stand (oder zumindest bis gestern), kracht plötzlich samt Decke, die über zwei Stuhllehnen gespannt war, auf den Boden. Im Glücksfall schlägt er mit dem Kopf auf eine Spieluhr, die »La, le, lu« spielt. Weniger Glückliche durchbohren sich das Trommelfell mit einem 20 Zentimeter langen Stock, der senkrecht auf einer Holzscheibe steht und auf dem weitere bunte (bleifreie!) Holzscheiben mit Loch in der Mitte der Größe nach sortiert werden können.

Schon mal nachts barfuß auf Legosteine getreten? Oder im Bad die Holzente auf Rädern erwischt (Steiß auf Kacheln, Kopf an Bidetkante)? Ganz zu schweigen von den psychischen Schäden durch Zehn-kleine-Krabbelfinger-CDs im Stau bei Regen. Die Hersteller sind gefordert, nur noch ein Jahr bis Peking.

PS: Kann es sein, dass es in Beijing zwar neun Millionen Fahrräder gibt, aber auf Katie Meluas CD nur zwei Rhythmen?

Schulfruchtprogramm

Schon wieder gute Nachrichten aus Norwegen. Würden nur zehn Prozent der Kinder lebenslang täglich 25 Gramm mehr Obst essen, wären sie anschließend so pumperlgsund, dass die Kosten für Gratisobst an Schulen sich wieder amortisiert hätten. Was mathematisch verwirrend und logisch gaga klingt, ist im wirklichen Leben ganz einfach: Leute, esst mehr Obst! Fünf verschiedene Sorten, 650 Gramm pro Tag. Aus diesem Grund startet am 13. Oktober die Aktion »5 am Tag«. Was zunächst Insiderberichte aus dem Sexleben von Rockstars erwarten lässt, soll in Wahrheit tonnenweise Frischobst vor allem in Ganztagsschulen befördern. Denn an unseren Schulkiosken sieht es schlimm aus. Der zuckersüße Nahrungsmüll, der dort häufig von Hausmeisterehepaaren verdealt wird, löst erstaunlicherweise wenig Empörung bei den Eltern aus. Zu viele lose Blätter, zu schwere Ranzen, zu leichte Hausaufgaben – kein noch so kleines Detail bleibt auf Elternabenden undiskutiert. Aber dass die Nachkommenschaft überzuckert und verfettet aus der großen Pause zurückkehrt, scheint nicht zu stören.

Es wäre aber interessant zu sehen, ob das Angebot von stark verbilligtem oder gar kostenlosem Obst bei den kleinen Rackern eine Chance gegen Cola und Schokoriegel hätte, wie von der Deutschen Gesellschaft für Ernährung erhofft. Denn Obst hat einen Nachteil: Es schmeckt nicht! Gut, das mag jetzt eine persönliche Meinung sein, aber man wäscht doch nur ab und zu mal lustlos einen Apfel, weil er so gesund ist. Worauf haben wir denn beim Fußball wirklich Bock: auf die

Familienpackung Erdnussflips oder auf eine leckere Birne? Mir tun beim Hotelfrühstück Menschen leid, die sich eine Papaya stückeln, während ich mir nach Weißwürstchen, Rührei mit Speck und Frikadellen noch zwei Schokoecken gönne. Ab und zu mal einen Obstsalat, weil er schon geschnippelt ist und nicht gewaschen werden muss. Aber meistens bin ich froh, wenn drei Fruchtfliegen aus ihm aufsteigen und ich ein Hygieneargument habe: Wusste ich doch, dass das Zeug hier schon ewig rumsteht. Von Bekannten, die nach schlampig gewaschenen Himbeeren auf dem Welcome-Teller ihres Lieblingshotels gleich paarweise zur Wurmkur antreten durften, will ich gar nicht reden. Trotzdem: Obst ist gesund, und wir wünschen der Aktion »5 am Tag« allen erdenklichen Erfolg.

Im Kreißsaal

Diesmal England. Der Inselstaat ist uns meilenweit voraus, im »politischen Willen, die physiologisch normalen Geburtsabläufe zu unterstützen – ein tolles Vorbild für Deutschland«. So zu lesen im Ressort Wissen der »Süddeutschen Zeitung«. Praktischerweise unmittelbar neben einem Artikel, der vermeldet, dass die Zahl der Selbsttötungen erstmals unter 10 000 gesunken ist. In Deutschland. Auch ein Erfolg der Agenda 2010? Oder bereits ein Signal, dass Kurt Beck mit seiner Weiterentwicklung richtig liegt?

Aber zurück zur Blasensprengung. Der traditionelle Geburtsbeschleuniger wird laut aktuellem Forschungsstand mittlerweile kritisch gesehen. Ebenso wie das Naturheilmittel Sex unmittelbar vor der Geburt, volkstümlich als kürzester Weg vom Orgasmus direkt in die Presswehen verstanden. Erst jetzt erfahren wir: Schon seit 2001 ist bekannt, dass es darüber keinerlei wissenschaftliche Sicherheit gibt. Zudem bemerken Gutachter, dass es schwierig sein dürfte, »dieses Verfahren zu standardisieren«! Im Klartext: Der Partner muss noch im häuslichen Umfeld verfügbar sein, wichtiger jedoch ist, dass GV zwischen den werdenden Eltern überhaupt noch ein Thema ist. Schwierig vor allem in Beziehungen von Prominenten, wo häufig aus Liebe Freundschaft wird und dementsprechend externe Kopulation zu diagnostizieren ist.

Ein Thema von geradezu dogmatischer Schwere ist die Periduralanästhesie, kurz PDA. Hier werden Mütter zu Hyänen, wenn sie in ihrer Mutter-Kind-Philosophie bedrängt werden. Manche Frauen wünschen sich mehrwöchige Presswehen auf einem harten Küchenstuhl, um den Schmerzen eine mystisch-religiöse Dimension zu verleihen. Wieder andere träumen von einer PDA à la iPod, die man ungeheuer lässig und entspannt ab SW 6 überall mit sich rumtragen kann. Chillen ab dem Aufwachen.

Wenn die PDA erst traditionell im Kreißsaal erfolgt, entwickelt sich nicht selten eine enge Beziehung zwischen Schwangerer und Narkosearzt (Pfleger? Klinikelektriker?). Denn 15 bis 20 Versuche, eine ungefähr passende Stelle im Rückgrat zu treffen – das kann dauern. Und selbst wenn die Nadel sitzt, hört man häufig noch von überraschenden Wirkungen (Ohren gefühllos, aber starke Schmerzen im Beckenbereich). Wichtigste Bezugsperson, da sind sich die Experten einig, bleibt die Hebamme. Ruhe, handwerkliches Geschick oder einfach mal noch zusammen eine rauchen, wenn der Wehenschreiber behaglich rattert.

Ansonsten hat sich seit Jahrzehnten das Modell Blechtrommel bewährt: Kartoffelacker, Röcke drüber, und gut is!

Frauenbefreiung

Der hundertste Geburtstag von Simone de Beauvoir ist ein festlicher Anlass, Zwischenbilanz zu ziehen in Sachen Befreiung der Frau. Auch der hundertste Todestag von Wilhelm Busch könnte hierfür ein Grund sein, aber der Platz reicht nicht. Wenn man sich so umguckt, kann man sagen, überwiegend ist die Frau heutzutage befreit. Wovon und wozu, damit können sich die Fachleute auseinandersetzen. Hier geht es um die menschliche Seite. Und allein die Tatsache, dass ein Mann darüber schreibt, zeigt, wie sehr sich das eine und das andere Geschlecht schon angenähert haben.

Was Simone den Mädels immer eingebläut hat: Verdient eure eigene Kohle, und Finger weg von Kindern. Macht euch nicht von den Typen abhängig, die euch später sitzen lassen wegen einem Jüngeren. Das mit den Kindern sieht die befreite Frau heute anders, aber die finanzielle Unabhängigkeit ist nahezu erreicht. Politisch haben Frauen heute die Macht (Merkel, Bruni), selbst in den stockkonservativen USA wird demnächst vielleicht die erste weiße Frau Präsidentin. Simones muttifeindliche Haltung lag bestimmt auch an Sartre, ihrem Lebensmenschen (neuerdings das amtliche Wort für alle, denen Partner zu öde erscheint und die irgendwie nach Thomas Bernhard klingen wollen).

Kann man sich Sartre mit Buggy vorstellen? Oder wie er Windeln in den Kombi stapelt? Das Glamourpaar des Existenzialismus hatte Wichtigeres zu tun, als sich fortzupflanzen. Erst wurde gegessen (»Flore«, »La Coupole«), dann wurde vernascht (Mimi, Chouchou, Froufrou). Beneidenswert, dass Madame de Beauvoir die jungen Dinger vorgetestet hat, bevor Sartre ihnen unter den schwarzen Rolli ging. Hier könnten die heutigen Töchter aus gutem Hause noch etwas nachbessern. Man wird eben nicht als Sartre geboren. Man wird es. Mit einer Simone de Beauvoir an seiner Seite. Merci, Simone.

Renovierung

»Vor zwei Jahren ist mir dann meine Ehe um die Ohren geflogen.« Gerade jetzt, zwischen Orkanen und stundenweisem Biergartenwetter, ist solch unerwartete Lebensbeichte wieder häufig zu hören. Gern zwischen Betonmischer und Metallsäge. Denn für die neue Lebenspartnerin wird umgebaut und renoviert.

Fünftausend Quadratmeter für frische Paare sind keine Seltenheit, denn bei aller hitzigen Vitalität braucht doch jeder seinen Bereich. Sie malt, er raucht. Bei dieser Gelegenheit: Wird der Magyar Vizsla (sprich: ungarischer Wischla) mittlerweile eigentlich serienmäßig zum Range Rover mitgeliefert? Außer dem Rover ist bei Baustellenbesuchen natürlich nur der Jeep erlaubt. In Ausnahmefällen Cayenne. Aber so geschmeidig wie der kurzhaarige Vorstehhund (nahezu ideal für die Stadt!) hinten rausspringt, scheint er zur Ausstattung zu gehören wie Videomonitore an der Rückseite des Vordersitzes.

Alternativ darf's auch ein Labrador sein, farblich abgestimmt auf die Cordhose des Bauherrn. Gibt so was Architektisches. Sir Norman, irgendwie. Oder Rem. Herzog & Dingsbums, Sie wissen schon. Allianz-Arena.

Wobei der Architekt eigentlich nur die Ideen von Julia (oder Bea oder Flo) umsetzen muss.

Grundphilosophie: konsequente Umnutzung bestehender Räume (Büro wird Dampfsauna usw.). Und natürlich Feng-Shui. Kopf beim Schlafen in Flussrichtung schwemmt bad energy raus. Aus der begehbaren

Küche direkt in den family room (Kinder aus zwei früheren Ehen), immer mit der Sonne.

Süßeste Idee: Fenster zum Ranfahren an der Küche für Pizza- und Sushi-Service wie beim Drive-in. Ironisch, lässig, frech. Kritische Prüfung, wenn die Innenarchitektin letzte Hand anlegt. Bauherr stützt rechten Ellbogen in linke Hand und Kinn in rechte Hand: Täuscht der Eindruck, oder haben die Regalbretter zu wenig Abstand für Bildbände? Und war der Finanzrahmen »best money can buy« beim Kick-off mit den Handwerkern nicht doch etwas zu champagnerlaunig?

Hey, fuck, I only live once!

Heimtiere

Wuff, wuff, miez, miez. Die Deutschen sind verrückt nach Heimtieren, vor allem Katzen. Mit dieser Nachricht erfreut uns der Industrieverband Heimtierbedarf (IHV, bitte Reihenfolge der Buchstaben genau beachten!). 7,9 Millionen Stubentiger fühlen sich in deutschen Haushalten derzeit pudelwohl, Tendenz steigend.

Auf der sehr informativen Heimseite des Verbands lernen wir sogleich den Unterschied zwischen Heim- und Haustier kennen. Heim ist alles, was rein darf. Hat also nichts mit traurigem Bello zu tun, der im Heim abgeholt werden möchte. Haus dagegen lebt auch in der Nähe des Menschen, wird aber überwiegend gemolken oder geschlachtet. Welches Heimtier ist nun das richtige für mich? Und soll's für den Anfang eher ein Retriever oder eine Grubenotter sein?

Immer mehr Männer schaffen sich neuerdings eine Katze an. Liegt's an den unterschiedlichen Charakteren der schnurrenden Gefährten, die so ziemlich alles zwischen wild und verschmust draufhaben, oder hat der deutsche Mann einfach gern was Knuffig-Weiches auf dem Schoß, das aber nicht redet? Nachteil gegenüber einem Hund: Wer die Katze mit ins Restaurant nimmt, wirkt leicht affig. Männer dagegen, die mit Hund samt Decke und Wasserschälchen im Feinkosttempel anrauschen, erwecken sofort das Interesse der Frauen: hart, aber herzlich. Überdies steigen gut zwei Drittel der anderen Gäste mit einem lieben Wort auf dem Weg zur Toilette anstandslos über eine französische Bulldogge (»Lassen'S nur, mir ham auch einen daheim«). Kinder dagegen bekommen höchstens leere Scampischalen auf den Parkplatz geworfen.

Ideal für Heimtieranfänger sind auch Goldfische. Natürlich nur im artgerechten Aquarium, keinesfalls im putzig-runden Goldfischglas aus grauer Vorzeit. Erklärt einem gern ein Tierhändler, den wir bei dieser Gelegenheit gleich mal fragen können, warum Tierhändler fast immer so aussehen, als würde bei ihnen zu Hause nie das Stroh gewechselt. Goldfische sollte sich nur anschaffen, wer sicher sein kann, dass während seines Urlaubs die Wasserpumpe im Aquarium nicht ausfällt. Stichwort Sauerstoffzufuhr. Der Anblick von geplatzten Goldfischen macht auf Jahre hinaus den Genuss von Fischstäbchen unmöglich.

Vermutlich aber wird der Siegeszug der Katze weiter anhalten. Im Extremfall sind es dann 50 oder 70 Tiere, vorwiegend lebt die Halterin mit ihnen auf Mallorca. Häufig Künstlerinnen, die wieder aus dem Strafvollzug raus sind. Oder generell von den Menschen enttäuscht, dafür aber unendlich viel von den Tieren gelernt haben. Und nicht vergessen: Südländer haben, ähnlich wie deutsche Landwirte, ein eher nüchternes Verhältnis zu jungen Kätzchen! Vielleicht kommt daher ja die Redewendung von der Katze im Sack?

Einwanderertest

Wer die deutsche Staatsbürgerschaft erwerben will, muss ab 1. September einen Test machen. Aus einem Gesamtkatalog von 310 Fragen werden 33 vorgelegt. Wir veröffentlichen exklusiv schon mal die zwölf kniffligsten vorab zum Üben. Viel Erfolg und willkommen in der neuen Heimat, irgendwo zwischen Süderlügum und Bad Wörishofen.

1. *Artikel 1 des Grundgesetzes lautet:*
   a) Widerrechtlich parkende Fahrzeuge werden kostenpflichtig abgeschleppt.
   b) Die Würde des Menschen ist unantastbar.
   c) Draußen gibt's nur Kännchen.

2. *Wer schrieb den »Faust«?*
   a) Henry Maske
   b) J. W. Goethe
   c) Rosa von Praunheim

3. *Lukas Podolski hat einen deutschen Pass, ist aber eigentlich …*
   a) Türke.
   b) Pole.
   c) Südafrikaner.

4. *Wo ist in folgendem deutschen Satz das Verb (Tunwort)?*
   »Brauchssdustressodawas?«

5. *Was war von 33–45?*
   a) brauner Spuk
   b) dunkles Kapitel
   c) nicht alles schlecht

6. *Wie hieß der Dicke in »Bonanza«?*
   a) Hoss
   b) Hess
   c) Heuss

7. *Wie heißt die amtliche deutsche Währung?*
   a) Mark
   b) Euro
   c) Schwarz

8. *Welche Staatsform besteht in weiten Teilen Deutschlands?*
   a) Diktatur des Proletariats
   b) Demokratie
   c) Rechts vor links

9. *Vervollständigen Sie die berühmte deutsche Gedichtzeile: »Ich weiß nicht, was soll es bedeuten ...«*
   a) ... ich glaub, ich steh auf dem Schlauch.
   b) ... dass ich so traurig bin.
   c) ... dass ich den Satz nicht versteh.

10. *Wie nennt man in Süddeutschland ein Mixgetränk aus Cola und Fanta?*
   a) Sozi
   b) Spezi
   c) Nazi

11. *Welches Bundesland ist Ihrer Meinung nach überflüssig?*
    a) Hessen
    b) Mecklenburg-Vorpommern
    c) Bayern

12. *Was versteht man in Deutschland unter »Viererkette«?*
    a) Mathe-Abi in NRW
    b) Formation innerhalb einer Fußballmannschaft
    c) sexuelle Vorlieben bei polygamen Naturfreunden

Auflösung auf Seite 735 im vorletzten Heft

Wiederbelebte Innenstädte

Dankbar und glücklich vermelden wir an dieser Stelle den neuesten Trend: Man wohnt wieder in der Stadt!

Vorbei die Zeiten, da man ins Grüne zog, vornehmlich wegen der Kinder. Galt es doch als erwiesen, dass der Umgang mit Tieren die Entwicklung zum Tyrannen zumindest verzögerte, wenn nicht gar verhinderte.

Rote Wangen, permanente Rotzglocken und bei jedem Wetter draußen spielen – für eine derart glückliche Kindheit nahmen Eltern gern mehrstündige Fahrten ihrer Sprösslinge im Schulbus in Kauf. Schön war die Jugendzeit. Vorbei: Inzwischen lehrt die Erfahrung: Drogen und Suff sind im ländlichen Bereich mindestens so verbreitet wie in der Stadt. Und die Familie gibt es nicht mehr. Deutschland besteht nur noch aus Alten und gut verdienenden Singles.

Kleiner Exkurs: Empfängt der Bundespräsident bald den letzten Arbeitslosen? Und konnte der Dax nicht schöne Geburtstage feiern, als über fünf Millionen Deutsche ohne Beschäftigung waren? Jetzt wurde der Dax zwanzig, und was ist das Resultat? Deutsche Bank nur noch die Hälfte wert, vier Prozent Inflation, und keiner kauft mehr Autos.

Womit wir wieder beim Thema wären. Denn wer arbeiten geht, fährt nicht ins Blaue und zieht nicht ins Grüne. Spritpreise! Pendlerpauschale! Unsicherheit, so weit die Tankfüllung reicht. Zeit, das Townhouse ins Spiel zu bringen. Das Townhouse hat, besonders in Berlin, gute Chancen, zur Ikone des jungen, aufgeklärten und professionellen Wohnens zu werden. Vorwiegend sind es Lebensgemeinschaften aus einem Frühverglatzten und einer Spätgebärenden. Ein Kind. Man ist vorzüglich ausgebildet und will auch nach Feierabend nicht auf die Vorteile zeitgemäßen urbanen Lebens verzichten. Konzerte, Theater, Kochen mit Freunden. Der junge Elitebeamte mit Rucksack und ressort-übergreifender Hornbrille schätzt es, mit dem Fahrrad vom Townhouse ins Ministerium zu gelangen. In den spießigen 68er-Zeiten hätte man vielleicht schlicht vom Reihenhaus gesprochen. Aber das Townhouse ist viel mehr State of the art. Nicht selten gewinnt sein Architekt dritte Preise. Charakteristisch sind die geringe Grundfläche (sechs Quadratmeter oder so), über der in bis zu zwanzig Stockwerken residenzähnliches Wohngefühl gezaubert wird.

Muss erwähnt werden, dass solche Wiederbelebung unserer Innenstädte billigen Wohnraum vernichtet? Die kettenrauchende Alleinerziehende mit elf Kindern, die arme alte Frau, die bisher günstig auf 180 Quadratmetern Altbau lebte. Wohin mit ihnen? Das neue Wohnen in unseren Innenstädten ist nur was für Wohlhabende. Schon merken sich Talkshow-Redakteure den Begriff »Gentrifizierung« vor. Heißt auf Deutsch: kinderreiche Malocherfamilie raus – schwules Architektenpärchen rein. Vorher wird natürlich aufwendig renoviert. Wo früher das Kinderzimmer war, entsteht jetzt der begehbare Schuhschrank.

In der Art. Wenn das so weitergeht, hat Roger Kusch bald kaum noch Freizeit.

Kinderbücher

Franziska van Almsick, so lesen wir, möchte ein Kinderbuch schreiben. Nach ihrem Buch »Aufgetaucht« habe sie den Spaß am Schreiben entdeckt. Zudem habe sie nach der Geburt ihres Sohnes Don Hugo ihr Leben neu geordnet, sei aus Berlin weggezogen und wisse jetzt, wo sie hingehöre. So weit, so Seehofer.

Natürlich steht es uns fern, die ehemalige Franzi mit Ratschlägen zu behelligen, aber als eifriger Vorleser von Kinderbüchern hätten wir einige Tipps, wie das Buch so richtig fliegt. Die Hauptfiguren sollten Max, 12, und Paula, 9, heißen. Entweder leben sie im vierten Stock einer Altbauwohnung in Berlin (dann nur mit ihrer Mutter Meggie, 37, und Hund Cat, dem supersüßesten Hund der Welt, auf einem Auge blind). Oder in einem alten Bauernhaus an einem See in Bayern, zusammen mit Paps Johannes, 44, und Mami Solange, 39, sowie Großvater Korbinian, dem besten Geschichtenerzähler der Welt.

Der Rest ergibt sich praktisch von allein. Das weiß jeder, der noch nicht so ganz doll schreiben kann und deshalb erst mal mit einem Kinderbuch anfängt. Oft sind es Schauspielerinnen, die nicht länger in Schubladen gesteckt werden möchten. Die eigenen Schubladen mit den Ideen für Geschichten sind auch eher leer, deshalb schreiben sie unter sehr große Bilder sehr wenige Sätze. Die Bilder stammen meistens von einer Schwester (freie Grafikerin ohne länger Bock auf blöde Werbung) oder einer verrückten Freundin, die mit ihren 70 Katzen in einem alten Bunker im Elsass lebt und bisher gar nicht wusste, dass sie malen kann.

Weitere Selbstläufer sind Tiere, die sprechen können (hier kann man sich schon mal bei »Dschungelbuch« oder »Babar« hübsche Anregungen holen), und natürlich lustige Kobolde. Hier sollte man allerdings aus juristischen Gründen nicht allzu plump klauen. Das gilt auch für schrumpelige Wesen, denen das Heimweh aus den Kulleraugen trieft. Wichtig bei der Titelfindung: an die Fortsetzungsmöglichkeiten denken! »Die Kinder vom Bauernhof und … (… der geheimnisvolle Gast, … das Mädchen im Rollstuhl, … der verrückte Dr. Kofler)«. Oder eben mehr hauptstädtisch »Tatü, tata, tattoo – Paul und Anna retten das Kindermädchen … schenken Mama einen Mann … jagen die Drogenbande«. Alle Verwertungsrechte gesichert? Talkshow-Auftritte gebucht?

Dann hurtig an die Arbeit, denn oft beginnt es damit, dass die Mutter von Max und Paula mal wieder nicht nach Hause kam …

»Als ich aufwachte, lag der Beklagte auf mir.«

Liebe in Zeiten, als es noch Eisberge gab: Reisen, Urlaub, Bundesbahn

Am 23. Dezember 2008 haben die Autoren Edo Reents und Patrick Bahners auf der ersten Seite des FAZ-Feuilletons einen sehr lesenswerten Artikel veröffentlicht, der sich mit dem Verfall der Sitten in unseren Zügen befasst. Trolleyrüpel, Handybanausen, Reservierungsärger, überflüssige Durchsagen – alles richtig, und trotzdem am Kern vorbei.

Denn Bahnfahren hat nichts mit Reisen zu tun. Es handelt sich um Guerillakrieg. Vorbild ist der Vietkong, der durch geschmeidige Beweglichkeit im Dschungel der angeblichen Supermacht USA eine böse Niederlage bereitet hat. Das Schienennetz der Deutschen Bahn ist der Ho-Chi-Minh-Pfad 2009.

Zur Grundausrüstung des modernen Bahneinzelkämpfers gehören eine Sonnenbrille (Format ganz später Onassis) sowie Kopfhörer in einer Größe, wie sie auch von den Einwinkern auf Flughäfen getragen werden. Was Düsenlärm unterdrückt, verwandelt auch das Geschwätz von Mitreisenden in ein sanftes Rauschen.

Bereits auf dem Bahnsteig sollen Mimik und Körpersprache Al Pacino zitieren: Touch me once again, and I'll kill you. *Strikt zu meiden ist die Nähe von Senioren.*

Es gilt die einfache Formel: Senior + Bahn = Stress. Speziell auf der rechtsrheinischen ICE-Strecke haben Senioren absolut nichts verloren. Für sie gibt es die landschaftlich traumhafte Loreley-Route in verrauchten, durchgesessenen und uringetränkten IC-Abteilen aus der Zeit des NATO-Doppelbeschlusses.

Noch besser wäre es, die Rentner ließen sich vom Roten Kreuz zu den Kindern fahren. Dafür ist es ja da.

Natürlich hat Gepäck in den ICE-Zügen keinen Platz. Das ist bewusst so gehalten. Die Bahn will nur Laptop-Reisende. Die Bilder auf dem Schirm sowie das Geschrei der Dauertelefonierer ignorieren wir einfach. Hier handelt es sich ausnahmslos um geistige wie internetmerische Mittelschicht, die von der nächsten Krise auf natürliche Weise entsorgt wird.

Jede Insolvenz lässt den Großraumwagen ein Stück näher Richtung Salonwagen rücken.

Ich selbst reise mit Schwarzer Mamba. So nenne ich meine BahnCard 100 zum Preis von 5900 Euro. Am 14.12.2008 wurde der Preis um 250,00 Euro erhöht. Recht so.

Wenn ich für den Zugbegleiter (m/w) die Schwarze Mamba zücke, steht er stramm. Zwei Sternchen in den Augen und ein Salto rückwärts signalisieren mir: Er hat verstanden! In mir hat er einen, der bedingungslos JA! sagt zur Deutschen Bahn. Der gemeinsam mit dem Personal eine heilige Allianz bildet gegen den motzenden, verstopfenden, lärmenden Pöbel der Gelegenheitsreisenden.

Bahnfahren 2009 ist die Fortsetzung des Krieges mit anderen Mitteln. Wir Deutschen können uns nicht länger raushalten.

Urlaubsflirt

Weißer Sand, sanftes Meeresrauschen, und zwei bebende Körper, die nach einem Eimer Sangria die Gesetze der Erdanziehung außer Kraft setzen wollten – so war es bisher, wenn zwei Menschen in der schönsten Zeit des Jahres spürten: Ja, wir sind füreinander bestimmt. Zumindest für die nächsten zehn Minuten.

Aber seit dem Schicksal von Marco, dem Jungen im Türken-Knast (BILD), ist alles anders. 31-Mann-Zelle, kein Steak mit Pommes, und als einziger Freund ein Deutsch sprechender Albaner aus dem Kosovo – so hatte er sich das Ende des Flirts mit Charlotte, der kleinen Engländerin (13 oder 15, wir kennen noch nicht die Untersuchungsergebnisse der türkischen Justiz), bestimmt nicht vorgestellt.

Natürlich, den Satz »Als ich aufwachte, lag der Beklagte auf mir« hören Ermittlungsbehörden gerade in Urlaubsorten nicht eben selten. Aber meistens ist es die Ehefrau, die so vom Gatten spricht, und schon auf dem Heimflug verträgt man sich wieder.

Wir wissen nicht, ob Marco von Charlotte angeschwindelt wurde. Wir wissen nur, dass man früher länger wartete. Siebzehn Jahr, blondes Haar. Mit siebzehn hat man noch Träume. Selbst im Rock 'n' Roll waren es Sweet little Sixteen.

Gut, Jerry Lee Lewis hat mal eine 13-Jährige geheiratet, aber dafür war's auch seine Cousine. Als wir zum ersten Mal die Liebe kennenlernten, damals, am Neusiedler See, haben wir nicht einmal nach dem Alter gefragt. Wir waren hitzig, wir waren im Taumel der Hormone, aber vor allem waren wir sicher: Die ist bestimmt schon fuffzich! Wir hatten einfach Glück, denn Ungarn damals war kein Rechtsstaat, so wie heute die Türkei.

So waren unsere einzige Strafe ungefähr achtzig Mückenstiche. Manchmal juckt es heute noch.

Bahnstreik

Bei unserer Bahn wird gestreikt. Das ist erfreulich, schließlich ist das Streikrecht eines der wichtigsten unserer noch jungen Demokratie.

Was man allerdings bisher nicht wusste: Fast jeder Bahnerer (volksnah für Eisenbahner) wird von einer eigenen Gewerkschaft vertreten. Das kannte man nur aus Hollywood oder vom Broadway, wo ein Bühnenarbeiter den Stuhl bis zum Bühnenrand tragen darf und zwei andere ihn in die Mitte stellen. Erschwerend kommt hinzu, dass die Lokführergewerkschaft bis zu 31 Prozent Gehaltserhöhung verlangt. Dies scheint überzogen. Schließlich ist ein Lokführer kein Dax-Vorstand. Es bleibt zu hoffen, dass ein gesunder Kompromiss gefunden und eine Einigung bei 28 Prozent erzielt wird.

Andererseits darf man als leidenschaftlicher Bahnfahrer feststellen, dass durchaus noch weitere Forderungen in den Streitkatalog aufgenommen werden könnten. Absolutes Reiseverbot für Rentnerehepaare an den Oster- und Weihnachtstagen beispielsweise. Auch in der übrigen Zeit sollten sie nur zwischen 22 und sechs Uhr die Züge nutzen dürfen, und zwar ausschließlich linksrheinisch. Rentnerehepaare haben immer zu sperriges Gepäck, finden nie ihren Platz und sind grundsätzlich im falschen Wagen. Durch das Gejammer und stöhnende Gestammel der Platznummern wird es für andere Reisende im Großraumwagen unmöglich, die Handy-Gespräche übern Gang mitzuhören.

Ebenfalls erstreikenswert ist ein totales Zusteigeverbot für Rucksackträger in Mannheim. Man selbst döst aus Stuttgart kommend schon sanft vor sich hin und wird durch rotgesichtige, schwitzende Umsteiger aus Richtung Schweiz belästigt. Muss erwähnt werden, welche Ausmaße ihre Rucksäcke und draußen baumelnden Wanderschuhe haben? Verglichen damit war Hermann Buhl am Nanga Parbat mit Handgepäck unterwegs.

Was spricht gegen Prügelstrafe für Hektiker und Paniker, die auf dem Bahnsteig so nahe an die Tür drängeln, dass Aussteigenden der Weg versperrt wird? 30 Hiebe mit der Schaffnerkelle auf den nackten Pöppes – und schon herrscht freie Bahn.

Fazit: Streik ja – aber bitte für die richtigen Ziele.

Weltumsegelung

Während einer Vollbremsung am Hindukusch fallen mir in der Bibliothek meines Wohnmobils zwei Bücher aus dem Delius Klasing Verlag in die Hände, die mich sofort in ihren Bann ziehen: 80 000 Meilen und Kap Hoorn von Bobby Schenk und Allein gegen den Wind von Wilfried Erdmann. Ich frage mich: Warum bin ich noch nie auf die Idee gekommen, eine Weltumsegelung zu starten? Spontan fallen mir zwei Gründe ein: Ich besitze kein Schiff, und ich war unschlüssig, wie rum ich reisen sollte.

Also von West nach Ost oder andersrum. Letzteres schien mir für den Anfang doch etwas zu kompliziert, denn diese Route ist Wilfried Erdmann gesegelt, 343 Tage nonstop um die Welt, gegen den Wind. Vorteil: Man sieht Kap Hoorn steuerbord. Das ist wichtig, falls man auf der rechten Seite schläft. So kann man schön gemütlich aus dem Fenster gucken, während das Schiff per Selbststeuerungsanlage den Pazifik erreicht. Nachteil: Es könnte das Letzte sein, was man sieht.

Also wäre für den Start die traditionelle Route um das Kap der Guten Hoffnung, dann zügig durch den Indischen Ozean, unten vorbei an Australien und Neuseeland in den Pazifik vielleicht ratsamer. Frage: Nonstop oder mit Landgang? Allein oder zu zweit?

Ehrlich gesagt, hat mich die Variante nonstop als Einhandsegler (eine Hand für das Schiff, eine für die eigene Sicherheit) mehr fasziniert. Mit tüchtig Proviant (Spaghetti, Zwiebeln, Kaffee, Bananen und Schampus für Weihnachten) müsste das Ganze auch für einen Anfänger auf einem 20 Meter langen Stahlkutter zu schaffen sein. Andererseits möchte ich natürlich auch was sehen von der Welt. Ich bin ja keiner von diesen Regatta-Freaks, die ohne Blick für die Landschaft durch die Roaring Forties bolzen. Also vielleicht doch auf einem 60-Meter-Teakholz-Kutter durch den Panamakanal nach Polynesien? Hierfür braucht man natürlich eine Crew, die sich aber aus Althippies auf den Kanarischen Inseln relativ günstig rekrutieren lässt, was man so liest. Und einer muss ja auch in den haiverseuchten Breiten die Entenmuscheln vom Rumpf kratzen. Nicht vergessen: Kopfhörer! Zum einen will man ja über Funk hören, ob Tom Cruise als Nächstes den Dalai Lama spielt, und auf den 5000 Seemeilen zwischen Neuseeland und Kap Hoorn soll es ohne Rücksicht auf die Uhrzeit durch Wind und Wetter teilweise recht laut werden.

Empfindliche Naturen finden da ohne Lärmschutz schwer Schlaf. Eigentlich könnte es morgen losgehen. Kleiner Nachteil: kann nicht segeln.

Arktis eisfrei

Aurora Borealis – klingt irgendwie nach Zeckenbiss und längerfristiger Genickstarre, handelt sich aber um einen 350 Millionen teuren Eisbrecher, der demnächst unsere deutschen Interessen in der Arktis mit vertreten soll. Denn am Nordpol ist der Teufel los.

Letzte Woche gegen halb drei ist der letzte Eiswürfel geschmolzen, seitdem herrscht Eisfreiheit, wo vor wenigen Jahren noch dicke Pullis unter den Anorak gezogen werden mussten. Damit wird die Arktis – bisher vor allem bekannt als sicherer Wahlkreis von Sigmar Gabriel – zum Tummelplatz vielfältiger internationaler Interessen.

Die Russen haben bereits ihre Fahne unter (!) dem Nordpol gehisst. Zu viel Wodka oder strategische Weitsichtigkeit – mögen die Experten entscheiden, warum der Lappen jetzt auf dem Meeresgrund weht.

Für uns als Kreuzfahrer heißt die sensationellste Nachricht: Die Nordwestpassage ist ab sofort eisfrei! Toll vor allem für Familien: Die Reisezeit für die Autofähre »Kiel-Hawaii« verkürzt sich um fast zwei Wochen. Das schont die Umwelt und spart teures Mückenschutzmittel, welches bisher für die Fahrt durch den Panamakanal benötigt wurde. Dort allerdings wird man sich fragen, weshalb man kürzlich Millionen von Feldhamstern in die Luft gejagt hat, nur um die Fahrrinne zu verbreitern. Selbst für Reedereien mit Monatskarte: Das gebührenfreie Nordmeer ist ab sofort konkurrenzlos billig, wenn es um den Transport von bleiverseuchtem Spielzeug aus europäischen Drittweltländern nach China geht. Empfehlung nach Panama: zuschütten und wieder Frösche aussetzen.

Natürlich ist auf einer Kreuzfahrt von Travemünde nach Alaska nix mit Landausflügen. Außer einigen zivilisationsgeschädigten Inuit (besoffene Eskimos, Anm. d. Verf.) in gottverlassenen Weilern ist keine Menschenseele anzutreffen. Eine willkommene Herausforderung für das Bordprogramm, mit einfallsreichen Angeboten für Abwechslung zu sorgen (Zehn ungewöhnliche Arten, einen Schal zu binden! – Zähne erfolgreich bleichen. Vortrag von Dr. Sowieso, Beverly Hills!).

Einsamer Hit jedoch dürfte das Bordkino sein, in dem mehrmals täglich Gänsehaut garantiert ist, wenn es heißt: Titanic – Liebe in Zeiten, als es noch Eisberge gab.

Bahnpreise

Die Bahn will zum zweiten Mal in diesem Jahr die Preise erhöhen. Eine gute und richtige Entscheidung, zu der wir der munteren Truppe rund um Hartmut Mehdorn herzlich gratulieren.

Protest hört man vor allem vom Abstellgleis, wo sich Grünen-Chef Bütikofer empört: »Bahn-Chef Mehdorn zockt ab.« Eine Unverschämtheit! Keinen lumpigen Cent behält der Bahn-Boss für sich. Alles geht voll drauf für Lokführer, fesche Mützen und den Zufallsgenerator, der täglich die Reihenfolge der Wagen bestimmt. Vor allem in Kopfbahnhöfen wie Stuttgart und München ist es für die Reisenden ein Mordsspaß, wenn der Zug mal wieder in »geänderter Reihenfolge« einfährt. Von Abschnitt A bis E ist es mit zwei Rollköfferchen plus Cappuccino und Croissant to go doch weiter als gedacht.

Für uns in der 1. Klasse wird es im Schnitt um 4,8 Prozent teurer. Das ist nur halb so viel, wie z. B. die Aktie der Deutschen Post seit Jahresbeginn an Wert eingebüßt hat. Also direkt ein Geschäft. Allerdings fragt man sich, ob die richtigen Angebote verteuert werden. Warum lässt man den Fahrpreis nicht unverändert und verzehnfacht stattdessen die Gebühr für Sitzplatzreservierung? Die scheint noch immer viel zu billig zu sein, oder warum muss ich zwischen Mannheim und Stuttgart stehen? Sicher, ich könnte für demnächst vier Euro am Schalter reservieren. (Niemals im Internet, ich brauche das kurze Gespräch mit den Beamten. »Autogramm dabei? Vorgestern war Ihr Kollege Stumph da! Super! Live-Kabarett pur.«) Allerdings bin ich hier Opfer einer kleinen Reservierungsneurose. Habe ich mal reserviert, wimmelt es im Zug nur so vor freien Plätzen. Schade also um die rausgeschmissenen vier Euro. Dafür könnte ich mir während der Fahrt vom freundlichen Zugbegleiter einen Keks an den Platz bringen lassen. Richtig spannend wird es, wenn man per Handy zahlen kann in der ultramodernen Form wie demnächst schon in Österreich: Bei Reisebeginn an einem »Touchpoint« einloggen, bei Reiseende ausloggen, abgebucht wird über die Handy-Rechnung. Für den ewigen Interrailer in uns kann das nur heißen: einloggen in Köln, in Bonn/Siegburg schnell raus zum Ausloggen und dann bis München einschließen auf der rollstuhlgerechten Toilette. Ist zwar ein bisschen gemogelt, aber es bleibt noch genügend übrig für das wichtigste, sinnvollste und schönste Engagement der Bahn: das Sponsoring von Hertha BSC.

Großflughafen NRW

Wird es der Wolfgang-Clement-Airport? Das Johannes-Rau-Luftkreuz? Oder kommt die Fritz-Pleitgen-Airbase?

Menschen, die sich um Nordrhein-Westfalen verdient gemacht haben, gibt es genug. Sie alle könnten infrage kommen, wenn es um einen Namenspatron für eines der aufregendsten europäischen Bauprojekte geht: einen neuen Großflughafen für NRW.

Dieser wurde jetzt angeregt durch den Zukunftskongress »Ruhr 2030« (bitte nicht verwechseln mit der Kulturhauptstadt Ruhr 2010, wo unter anderem Ex-Viva-Guru Dieter Gorny als wichtiger Impulsgeber endgelagert wird). Wir in NRW können einen geplanten Großflughafen im ehemaligen Braunkohlegebiet Garzweiler (gleich hinter Schumis Kartbahn rechts rein Richtung Gladbach) nur begrüßen. Zwei Voraussetzungen: Die Löcher müssen vorher zugeschüttet werden, und die Menschenwürde des Feldhamsters muss unverletzt bleiben!

Zwar kann man schon jetzt angeblich einmal pro Tag von Köln/Bonn nach New York fliegen, und Münster/Osnabrück ist immer schön für eine nächtliche Zwischenlandung, weil man den Flugplan ab Palma mal wieder nicht richtig gelesen hat. Aber um sich gegen Hauptkonkurrenten wie Shanghai, Singapur oder London behaupten zu können, muss das Land zwischen Rhein und Ruhr seinen Umbau vom Kohleschacht zur Landebahn zielstrebig vorantreiben.

Bleibt die Frage: Wie lange schleppen die Powertypen zwischen Duisburg und Hamm ihre verschnarchten Jecken von der Rheinschiene noch mit? Denn dort ist man sich weit uneiniger als im ehemaligen Pott. Während es in Düsseldorf (schuldenfrei und »Bambi«) oder Bonn (drei Dax-Unternehmen plus koreanischer Investor im ehemaligen Bundeshaus) brummt, hofft man in Köln, dass die zweieinhalb Millionen Schaglöcher im weitesten Sinn etwas mit dem U-Bahn-Bau zu tun haben.

Wie anders dagegen das Ruhrgebiet! Alle zwei Meter ein Spitzentheater, alle fünf ein Konzertsaal. Wo früher Qualm und Ruß waren, wird heute performed, projektiert und strukturgewandelt. Der Fußball – im Pott traditionell der heißeste Schmelztiegel für alle, die nicht in Deutschland geboren wurden – steht geradezu symptomatisch für den Wandel in Richtung Zukunft: Lag er früher in den Händen vom Präsidenten-Modell Urgestein mit Alkoholproblem, so führen ihn heute russische oder englische Finanzgenies an die europäische Spitze. Für deren Privatjets ist übrigens der bestehende Flughafen Paderborn/Lippstadt bequem zu erreichen.

Ach so, und bis zum Flughafen Frankfurt dauert es von Köln mit dem ICE eine knappe Stunde. Auch bei »Streik«.

Mannheim-Umsteiger

Bahnreisende, die in Mannheim in den ICE Richtung Norden steigen, wurden bisher zu wenig erforscht. Das ist nachlässig, denn Mannheim-Umsteiger können künftig Wahlen entscheiden. Sie lassen sich in zwei Haupttypen unterteilen:

1. Rückkehrende Schweiz-Urlauber. Überwiegend Ehepaare, die Franz Josef Strauß vermissen, obwohl sie in Norddeutschland leben. Sie strahlen aus: Seit zweiundvierzig Jahren fahren wir nach Leukerbad. Immer zu Familie Zumtobel, inzwischen betreiben die Kinder die Pension. Waren noch gar nicht geboren, als wir das erste Mal da waren. Die Frau steht kurz nach Limburg/Süd auf und geht langsam im Großraumwagen hin und her. Thromboseprophylaxe. Dabei zieht sie den Pulli (Daniel Hechter) zurecht und liest intensiv die Reservierungsnummern über den Sitzen. Oft ist da viel Spannendes bei. Die eigenen Plätze sind vier Monate im Voraus gebucht. In Fahrtrichtung. Vati ist über Seite 2 der »Welt kompakt« eingenickt, und so wie ihm der Unterkiefer hängt, hoffen wir, dass er wieder aufwacht.

2. Pfälzer. Treten in Fünfergruppen auf, sind fröhlich und außer Atem. Die Frauen haben Pelzbesatz an der Kapuze (oder an den Lackwinterschnürschuhen), die Männer einfallsreiche Bartvariationen und/oder selbsttönende Brillen.

Reiseziel: auf Montage oder Schulungswochenende. Wenn der Zug langsam anfährt, lässt man sich völlig fertisch in den Sitz fallen und hängt unter lautem Ausatmen die Zunge übers Kinn: Geschafft! Beifallheischendes Lächeln zu den Nachbarn, wo doch der Zug aus Speyer oder Bad Dürkheim so verspätet war. Und dann ist noch die Ulli zum falschen Gleis getigert! Aber jetzt: Alles roger in Kambodscha! Ischmeldmisch, wennisch da bin. Tschüsiii.

Für unsere Parteienforscher: Beide Gruppen decken 75 Prozent der Wählerstimmen ab. Abä locka vom Hocka!

Kreuzfahrten

Schon gehört? Eine neue Kreuzfahrtlinie in Hamburg möchte verstärkt die Generation Golf an Bord lotsen. Junge kosmopolitische Menschen, die 3000 Euro netto im Monat verdienen und zwischen 150 und 200 Euro pro Tag an Bord ausgeben. Der wahre Kreuzfahrer (mindestens 1500 Tage an Bord verbracht, Kap Hoorn in beiden Richtungen umrundet und wenigstens drei Stürme erlebt, bei denen die Schiffsschraube aus dem Wasser kam) zieht sich die Basecap tiefer ins Gesicht, stellt die Lehne seines Bordliegestuhls noch eine Raste tiefer und lächelt sanft wie ein Sundowner im Südpazifik in sich hinein.

Wer mit 200 Euro pro Tag auskommen will, scheint das Essen von zu Hause mitzubringen und ansonsten in der Kabine Wasser aus dem Hahn zu trinken. 200 Euro pro Tag reichen auf einer durchschnittlichen Seereise (28 Tage San Francisco-Bora Bora-Fidschis-Sydney-Singapur, inkl. Besuch einer Hochzeit von Aborigines und Heli-Trip zum Ayers Rock) gerade mal für Pilsken am Mittag und einen durchschnittlichen Roten aus Chile am Abend. Wer danach noch zur »Wiener Nacht« in den Ballsaal will, kann tagsüber die Plörre trinken, die von der Reederei als »Tischwein« serviert wird. Termin im Spa? Fehlanzeige! Wer der kleinen Drallen aus Itzehoe auf den Knackarsch schauen will, während sie ihm die Nägel feilt, und sich vor der Äquatortaufe noch die Lomi-Lomi-Massage gönnt, ist schnell mal bei 170 Euro (natürlich ohne Trinkgeld). Luxuskabinen mit »50 Quadratmetern«? Das grenzt an Zynismus! Schlafen auf dem Balkon? Oder wo

sollen die Klamotten hin? Bei Reedern, die Menschenwürde noch nicht für ein Fremdwort halten, heißen 50
Quadratmeter »begehbarer Schrank«. Wer 3000 Euro
netto im Monat verdient, ist bei einer Besichtigung
richtig, wenn das Schiff mal halbtags vor Sylt dümpelt.
Oder sonst in einem Kaff, das nicht mit der First an-
geflogen werden kann. Wir haben nicht sechs Reihen-
häuser verkauft, um die Erbschaftssteuer bezahlen zu
können, damit die Leichtlohngruppen vor der Owner
Suite krakeelen. Für die gibt's ja die Ostsee.

Paris-Saarbrücken

Paris, Gare de l'Est, 11.50 Uhr. Ich schäle mich aus dem Taxi wie der nicht mehr ganz junge Delon. Koffer raus und mitten auf dem Gehweg aufgeklappt. Durchwühlen, wobei man die Hektik verbergen will. Wo ist meine Sonnenbrille? Kann doch nicht sein, dass ich sie im Hotel vergessen habe. Achtmal bin ich zurück ins Zimmer, ob ich auch nichts vergessen habe.

Natürlich, sie ist im Koffer. Rein in den Bahnhof, Zeitung kaufen. Fünf Euro, merci, stimmt so. Keine übermäßige Großzügigkeit, aber das Wechselgeld wäre mir sowieso irgendwann aus der Hosentasche gefallen. Dann lieber dem würdevollen Afrikaner als Trinkgeld. Endlich kann ich mal würdevoll benutzen. Als Nächstes Wasser kaufen. Fünf Euro, merci. Die Angst vor Wechselgeldverlust kostet mich bis zu 30 Euro Trinkgeld pro Tag. Wo ist meine Zeitung? Wird auf Pariser Bahnhöfen deutschen Touristen die FAZ geklaut? Sie muss mir aus der Umhängetasche gerutscht sein. Suche, ohne Hektik aufscheinen zu lassen. Da liegt sie, mitten in Millionen von Keimen auf dem Boden des Gare de l'Est. Jelinekesker Ekel, als ich die Zeitung aufhebe. Plötzliches Hungergefühl. Kaufe Sandwich (Le Grand Normand) und Kaffee to emporter. Zehn Euro, stimmt so. Rein in den ICE. Mmmh, lecker Sandwich. Als ich reinbeißen will, fällt mir auf: Habe es an der Theke liegen lassen. Raus aus dem Zug, Sandwich holen. Liegt noch da. Genau wie vorhin Zeitung. Die Welt ist besser, als in den Medien dargestellt.

Schock: In der »Welt« (gibt's im Zug gratis) lese ich: Tom Cruise als Stauffenberg angeblich enttäuschend bei Testvorführungen. Amis lachen über Tom mit Augenklappe. Nur die Amis? Der Zug rast mit 320 km/h auf Saarbrücken zu. Gibt es zwischen Paris und Saarbrücken Schafe? In Saarbrücken gibt es zunächst keine Taxis. Alle weg, bei Jugend musiziert. Ein freundlicher Herr mit Schaffnermütze sagt: »In drei Minuten ist ein Taxi da. Bald werden wir wieder richtig regiert. Oskar. Wird heiß gehandelt.«

Soll ich so lange in die Bundeswehr eintreten? Ich sehe das Schaufenster mit der Aufschrift »Zentrum für Nachwuchsgewinnung West« (Tel. 0681 / 37 43 62). Entertainer werden immer gebraucht. Taxi kommt. Zum Hotel bitte. Adresse? Hinten im Koffer, muss noch mal raus. Treffe dabei junge Frau aus »Polen-Schlesien«, die ihren Arm signiert haben möchte. Ihre Brüste werfen Schatten auf meine Unterschrift. Wo ist meine Sonnenbrille?

Wiesn und Wasen

Wer die urtümliche Duftmischung aus Schweiß, Erbrochenem und verdautem Grillhendl liebt, der sollte den ersten ICE des Tages aus München in Richtung Norden nicht verpassen.

Natürlich ist man zunächst verwundert, wenn man im Stuttgarter Hauptbahnhof den Zug einfahren sieht. In aller Herrgottsfrüh, sonntags kurz vor sechs, und rappelvoll. Tirolerhüte, Fanschals, Irokesenschnitte und jede Menge Anoraks über den Köpfen. Ein radikales Theaterprojekt? Avantgarde vom Balkan auf dem Weg zur Documenta? Oder doch der Versuch der bayerischen Landesregierung, kurz vor der Wahl verhaltensauffällige Subjekte in benachbarte Staaten abzuschieben?

Nichts von alledem. Es handelt sich um Fußballfans (speziell Bayern – Bremen) und Oktoberfestbesucher am Eröffnungswochenende. Die überwiegend hackedichten Mitbürger müssen um 3.30 Uhr irgendwie in München in den Zug gelangt sein, um ihn in den Vormittagsstunden in Köln oder Dortmund zu verlassen.

Aber bis dahin ist es ein weiter, stinkender, rülpsender und würgender Weg. Denn der vermutete Dreiklang Fußball – Oktoberfest – Stehimbiss Münchner Hauptbahnhof ist nichts für Weicheier. Wer es zumindest bis Mannheim schaffen will, ohne sich zu übergeben, sollte über eine ausgefeilte Mischung aus Atem- und Meditationstechnik verfügen. Wie der Herr im Dresscode der späten Sex Pistols, der schwer atmend auf dem Korridor vor der Waggontür steht. Während der Zug langsam aus dem Stuttgarter Bahnhof rollt, verbindet der Altpunk mit jedem Ausatmer einen tiefen, tiefen Seufzer. Beim Einatmen hingegen lässt ein irgendwie gutturaler Ton vermuten, dass er soeben aufsteigenden Mageninhalt wieder hinuntergeschluckt hat.

Auf meinem bahn.comfort-Platz deutlich zu hören, denn immer wenn er zur anderen Seite torkelt, öffnet sich per Lichtschranke die Glastür zum Großraumwagen. Schräg vor mir versucht ein Werder-Fan, Schlaf zu finden, indem er sein Gesicht auf Johanna Wokalek presst. Genauer gesagt auf ihr Foto, Titelbild von »DB mobil« in diesem Monat. Die untere Hälfte der Ensslin-Darstellerin ist bereits aufgeweicht, denn der Bremer verliert beim Schnarchen Flüssigkeit.

Am Wochenende eröffnete das Cannstatter Volksfest. Mindestens so groß, schön und urig wie die Wiesn. Dann ist es durchaus vorstellbar, dass Wasen-Besucher zu den Wiesn-Gästen steigen. Vielleicht ergibt sich beim Zwischenstopp in Mannheim dann Gelegenheit für einen Pas de deux, wenn man sich, an den Zug gestützt, die Frage stellt: Alles rausgekotzt gleich hier auf dem Bahnsteig oder erst kurz vor dem IC-Bistro zwischen Frankfurt und Montabaur? Ozapft is!

Luxusjachten

Schampus, Brillies, Uhren, Parfüm und Handtaschen sind nicht alles. Deshalb hat der Luxusgüterkonzern LVMH (sprich: Lui Vüttoh Mött Hennesieh) jetzt einen Hersteller von Luxusjachten übernommen. Royal van Lent aus Holland. Für ungefähr 300 Millionen Euro.

Genauer gesagt, handelt es sich um den Hersteller von sehr teuren Luxusjachten. So um die 50 Meter lang und an die 30 Millionen Dollar teuer. Gestaltungsmöglichkeiten nach oben natürlich offen. Das ist wichtig, denn hier ist nicht die Rede von den Seelenverkäufern, mit denen der obere Mittelstand mal für drei Tage in der Nordsee durch den Schlick schrammt. Törn genannt. Wir reden von einem Marktsegment, das in den vergangenen Jahren jährlich um 20 Prozent zugelegt hat.

Und damit wären wir beim extremen Backboardflügel der SPD. Dort haben 60 Politiker festgestellt: »Die Einkommensverteilung klafft so weit auseinander wie noch nie in der Geschichte der Bundesrepublik.« Das ist richtig. Deshalb baut Royal van Lent ja auch nur zwei Jachten pro Jahr. Und nur ganz wenige davon gehen in den Besitz von SPD-Wählern. Die müssen aber wenigstens zu den 25 Prozent der Bevölkerung gehören, die bereits 80 Prozent der Steuern aufbringen.

Da die SPD aber keine 25 Prozent mehr hat, weder bei den Reichen noch bei den Armen, können wir uns jetzt wieder den 30-Millionen-Dollar-Jachten zuwenden.

Ganz wichtig für Neubesitzer: Anzahl der Besatzungsmitglieder! Wie oft sind wir schon zu einem Törn auf dem Bodensee oder in der kroatischen Adria eingeladen worden, und als wir mit unserem Seesack von der Ladefläche des Pick-ups federten, schrubbt Mutti gerade das Deck, und Vati versucht, den Außenborder anzukriegen. Bitter. Deshalb: Unter 15 Mann Besatzung sollten Sie bitte niemandem erzählen, Sie besäßen eine Jacht. Wichtig beim Arbeitsvertrag: Während Sie die Jacht im Schnitt vier bis fünf Tage pro Jahr nutzen, ist die Crew 365 Tage einsatzbereit und darf sich auch bei sechsmonatiger Liegezeit im Trockendock ohne Sondergenehmigung nie weiter als 500 Meter von der Kaimauer entfernen.

Verantwortlich dafür ist der Kapitän, ebenso wie für den picobello Zustand des Schiffs. Kann ja sein, dass Sie nachmittags überraschend mal einfliegen, um auf dem Oberdeck ein Eis zu essen.

Sollte die Crew ihre Kleidung vernachlässigen, indem Sie etwa den String des Chef de Cruise sehen, wenn der sich nach Ihrem Eislöffel bückt, kriegt der Kapitän 30 Prozent vom Gehalt abgezogen.

Schließlich haben Sie sein Jahreseinkommen ja verdreifacht, als Sie ihn von einem führenden Kreuzfahrtschiff abgeworben haben. Bestes Mittel, die Crew wach zu halten: kurze SMS, mit der Ihre Jacht von Monaco Richtung Malediven losgeschickt wird.

Kurz vor Ankunft korrigieren Sie: Hab's mir überlegt, erwarte euch übermorgen in Kuba. Ahoi!

Piraten

Sind wir auch auf unseren Kreuzfahrtschiffen von Piraten bedroht? Diese Frage sollte zeitnah den Weltsicherheitsrat beschäftigen. Schließlich ist das Schippern über die Weltmeere fast das einzige Vergnügen, welches der Finanzelite in diesen tristen Tagen noch bleibt! Man mag es sich gar nicht ausmalen! Da liegt man in seiner Premium Suite auf Deck 7, ein Gläschen gut gekühlten Riesling in der Hand (schließlich ist es erst elf Uhr Vormittag), und schaut im Bordfernsehen »Fluch der Karibik«. Die Balkontür ist geöffnet, denn bei so einer sanften Meeresbrise wirkt der Film gleich noch authentischer. Plötzlich – liegt's am Wein? Am Klima? An der Äquatorsonne? Johnny Depp steht vor unserem Kingsize-Bett! Allerdings ohne Augenklappe und Kopftuch, dafür mit Maschinengewehr. Denn der Pirat von heute ist weniger romantisch, sondern eher technisch auf dem neuesten Stand. Der Enterhaken der Neuzeit heißt Hubschrauber. Denn das Kapern eines modernen Ozeanriesen erfordert ein technisches Verständnis, wie es in Deutschland gegenwärtig nur in Sachsen vermittelt werden kann.

Sind alle Routen gefährdet? Eindeutig nein. Allerdings ist das Hauptkrisengebiet vor Somalia auf dem Weg vom und zum Suezkanal durchaus in Reichweite.

Malediven, Seychellen, Kenia, Südafrika, aber auch Singapur (Achtung: Straße von Malakka!!!), Thailand und Indien werden je nach Reiseweg nur über den Suezkanal erreicht: Die Reisen Nr. 231, »Schätze des Orients«, sowie Nr. 329b, »Träume der Kolonialzeit«, inklusive 2-Tages-Ausflug zur Brücke am Kwai, sollten deshalb noch mal überdacht werden. Da sind durchaus Rabatte drin!

Als absolut piratenfrei darf hingegen die Strecke Valparaiso-Osterinseln gelten (drei Seetage). Allerdings kann hier starker Seegang durchaus den Wunsch nach Entführung per Hubschrauber aufkommen lassen. Ebenso sicher sind Grönland, die Antarktis sowie die Strecke Travemünde-Trelleborg. Allesamt nicht direkt Eldorados für Sonnenanbeter, aber immer noch besser als Optionen auf fallende VW-Aktien.

Vorbei die Zeiten, in denen auf dem Amazonas Kinder den Schiffen auf der Suche nach Essensabfällen hinterherschwammen. Auch sechs Flaschen Whiskey in die Sporttasche des Zollbeamten irgendwo auf einer Südseeinsel sind Geschichte. Heute möcht es schon ein ganzer Öltanker sein. Wandel also, wohin man schaut. Und ganz ohne staatliche Bürgschaft.

»Ich kann den Dalai Lama nicht mehr sehen!«

Hit the Road, Jack: Promis, Sport & Medien

Zu den Horrorjobs, die man sich als Künstler aufhal-
sen kann, gehört das Schreiben einer Laudatio. Im
Sommer 2008 musste ich eine auf Alice Schwarzer
verfertigen, da ich ihr als alleiniger Juror den Ludwig-
Börne-Preis zuerkannt hatte. Alleiniger Juror ist nicht
so eitel, wie es sich anhört. Es ist noch viel eitler.

Ludwig Börne war ein Zeitgenosse Heinrich Hei-
nes. Das war alles, was ich wusste.

Alice Schwarzer war ... äh ... ist eine Zeitgenos-
sin von mir, von der ich wusste, dass sie super ist
und megabeliebt und viel für die Emanzipation der
Frauen getan hat.

Da saß ich nun mit Fingernägeln lang wie Edward
mit den Scherenhänden vom Raussaugen.

Alice Schwarzer hat unendlich viel für die Frauen
in unserem Land getan und ist eine würdige Preis-
trägerin. Börne wäre stolz auf sie. Herzlichen Glück-
wunsch. Hm. Vielleicht bisschen kurz und auch biss-
chen dünne für die Paulskirche. Denn dort wurde
der Preis verliehen, und dort wollte ich ja auch unbe-
dingt sprechen. Scheißehrgeiz, ich ging erst mal mit
einem Weizen in den Garten.

Beim Börne-Preis benennt jeweils ein Juror den
Preisträger. Zum Beispiel Helmut Markwort Henryk
M. Broder. Broder hatte für seine Dankesrede einen
Rieseneinstieg: »Ich muss sagen, für einen kleinen
polnischen Juden habe ich es weit gebracht.«

Das wollte ich unbedingt toppen. Ich googelte
also nach anderen Laudationes. Joschka Fischer
verlieh den Preis an George Steiner. Hübscher Ver-
such des grünen Gurus, sich an die intellektuelle

Liga von Brummelgeorge anzudocken. So nenne ich persönlich George Steiner, seit ich ihn mal habe sprechen hören. Ganz tief, fast wie Dr. Kissinger. Bitte das Dr. nicht vergessen!

Bei Joschka war nichts zu holen. Bisschen Literatur, der Rest Versatzstücke aus der Abteilung Naher Osten und Deutsche Verantwortung und so. Brummelgeorge sagt im Grunde seit Jahrzehnten dasselbe. Ich habe mal sein Buch Errata gelesen, danach war ich eine Woche bewusstlos. Der populärste Name, der drin vorkommt, ist Richard Wagner.

Also noch mal zwofuffzich in den Schlitz vom FAZ-Archiv eingeworfen und die Rede von Peter von Matt auf Georges Arthur Goldschmidt rausgelassen. Mir wurde kalt! Ein echter Knaller! Glasklare Sätze, die vor Kenntnis nur so strotzten, ohne es raushängen zu lassen. Ein großartiger Einstieg: Welcher deutsche Dichter liegt auf welchem Friedhof in Paris. Dann ein brillanter Übergang zur bewegenden Geschichte von Georges Arthur Goldschmidt. Wie sollte ich da rankommen?

Zum wiederholten Male bedauerte ich, nicht Bundespräsident zu sein. Oder wenigstens Bundeskanzler. Da könnte man jeden Tag drei Hammerreden rausfeuern und hätte einen Stab von blitzgescheiten Referenten, die einem das ganze Zeugs schrieben. Handwerkskammer, Menschenrechte, Weltspartag – bumms, für jeden Anlass die richtigen Worte.

Da stöckelte mitten in meiner tiefsten Finsternis Ingeborg Harms durch mein Hirn, mittels einer Hymne auf Charlotte Roche in der FAS. Ganzseitig, ekstatisch, kurz vorm Durchknallen. Inhalt, verknappt: eine Kulturgeschichte der stinkenden Muschi von Rabelais bis Roche!

Natürlich konnte ich das meiste, wovon Frankfurts Antwort auf Anna Wintour schrieb, nicht beurteilen. Aber kurz zuvor hatte ich ein langes Interview von der Ingeborg ... hier stocke ich ... von der Ingeborg ... jetzt perlt mir wie von selbst diese Formulierung aus dem Füller, um die ich einst Hans Werner Henze so beneidet hatte, in seiner Biographie Reiselieder mit böhmischen Quinten.

Die Ingeborg ... also, ich hatte ein großes Interview von Ingeborg Harms mit Peter von Matt gelesen. Peter von Matts Klasse stand für mich außer Frage, und so ein Mann würde sich doch nie mit einer Maus länger abgeben, wenn sie nicht intellektuell mit ihm auf Augenhöhe wäre. Selbst wenn er sitzt.

Den Harms-Text baute ich um in Richtung Fehleinschätzung des Lebenswerkes von Alice Schwarzer, so wie ich weite Strecken von Interviews von Alice mit Simone de Beauvoir als Beweis der Bedeutung meiner Preisträgerin für die internationale Frauenbewegung neu komponierte. Man muss auch Glück haben! Madame de Beauvoir feierte 2008 glaube ich ihren hundertsten Geburtstag, und die Zeitungen strotzten nur so vor detaillierten Artikeln, aus denen ich mich großzügig bediente.

So entstand eine schwungvoll-hintergründige Laudatio mit einer zündenden Mischung aus Lachsalven und Deutscher Verantwortung. Sie war so gut, dass Hannelore Elsner mich hinter ihrer Sonnenbrille bat, ihr sofort, bitte, den Text zukommen zu lassen. Sie hatte im Rahmen der feierlichen Veranstaltung Texte von Jean Pol gelesen. Man spricht ihn Pol, glaube ich, den großen deutschen Romantiker. Da hatte Hannelore Elsner recht. Man sagt ja auch Polskirche.

Streisand

Wer Barbra Streisand sehen will, muss tief in die Tasche greifen. Aber das allein genügt nicht, wenn er die Hand wieder rauszieht, sollte er mindestens 95 Euro drinhaben. So viel kostet laut tränenden Augenzeugen die billigste Karte auf der Waldbühne in Berlin. Dort gibt sie ihr einziges Deutschlandkonzert. Übrigens auch ihr erstes. Überhaupt ist bei Babs ziemlich viel das einzige und erste Mal. Nur einmal, 1994, hat sie in Europa gastiert. Und eigentlich auch nicht so richtig, denn London gehört nicht so sehr zu Europa wie zum Beispiel Istanbul. Verständlich, dass die Deutschen jetzt völlig außer Rand und Band sind. Deutscher Boden! Betreten! Zum ersten Mal! Von Barbra Streisand! Wahnsinn!

Wobei das nicht stimmt. Sie war zu Promozwecken schon mal in Hamburg und bei »Auf los geht's los« mit Blacky Fuchsberger, wie wir der Fanseite www.barbrastreisand.de entnehmen. Aber das jetzt ist doch was anderes, mit extra Schminken, Duschen und Umziehen für die Waldbühne.

Umso unverständlicher das Genörgel, bloß weil die teuerste Karte 500 Euro kostet. Macht für zwei Personen + Friseur + Knabbern und Getränke 1200. Wem das zu teuer ist, der kann ja zu Hause »Yentl« auf DVD gucken (wurde schon bei Blacky Werbung für gemacht). Die Italiener hat es jetzt schon erwischt. Abgesagt! 900 Euro wären dort für die teuerste Karte fällig gewesen. Aber wer sein Gehalt für Handy und Sonnenbrillen verpulvert, der krakeelt natürlich rum, wenn er für die erfolgreichste Künstlerin einen angemessenen

Preis zahlen soll. Wird das Konzert eben nach Zürich verlegt. 2250 Franken pro Person, selbstverständlich inkl. Dinner. In London (wo sie, wie gesagt, seit 94 nichts mehr betreten hat, schon gar nicht die Bühne) waren die Tickets für zwei Konzerte mit Spitzenpreisen bis zu 1100 Pfund in 20 Minuten weg.

Ein großer deutscher Autokonzern aus Wolfsburg (na?) präsentiert Frau Streisand in Berlin. Natürlich ohne anfassen. Hoffentlich fährt Amerikas weiblicher Gottschalk wenigstens im Passat hinter die Bühne. Der leider sehr abgehobene Herr Jagger (früher war der Mick irgendwie netter) presste ja trotz Wolfsburger Sponsoring seine dicken Lippen auf der Rückbank eines fetten Benz an die Scheiben. In Zukunft gibt's für so was von Felix Magath einen Medizinball an den Kopf.

Bestimmt ist auch das Konzert am 30. Juni sofort ausverkauft. Das meiste geht sowieso weg für Strom, Verstärker, Kabel und Security. Und was man so hört, will Barbra Streisand ganz viel für soziale Zwecke spenden. Babs, Bob, Bono – die Welt wird schöner mit jedem Tag.

Künstlerleben

Ben Becker wurde reanimiert. Diese Meldung gehört sicher zu den erfreulichsten dieses Sommers.

Denn wenn wir der Berichterstattung glauben dürfen, hat der lebensfrohe Charakterdarsteller großes Glück gehabt. Nun sind wir Künstler generell mannigfaltigen Gefahren und Versuchungen ausgesetzt. Aber nicht jeder, der eine 25-jährige Schauspielschülerin mit in die Wohnung nimmt, erwischt dabei einen Schutzengel. Häufig sind die jungen Dinger regelrecht froh, wenn sie aus dem Bad kommen und der Star liegt reglos auf dem Boden. Dann haben sie ihre Ruhe, können sich ungestört in der Wohnung umschauen und mal die DVD-Sammlung durchgehen.

Im Fall von Ben Becker hat die nächtliche Begleitung den Notarzt gerufen und sich so verantwortungsvoll um seine Gesundheit verdient gemacht. Insofern erscheint es ein wenig irritierend, wenn sie von Beckers Lebensgefährtin als »Abschaum« bezeichnet wird, der offenbar »Probleme mit Drogen hat«.

Natürlich, wir, die wir selbst keine Probleme mit Drogen haben, reagieren schnell mal unwirsch, wenn uns widrige Lebensumstände den Abschaum ins Bad spülen. Vielleicht schwingt auch ein bisschen Enttäuschung darüber mit, dass man gerade so einen »traumhaften Familienurlaub« verbracht hat. Aber gerade in Künstlerkreisen werden traumhafte Familienurlaube von den einzelnen Teilnehmern häufig ganz unterschiedlich bewertet.

Was von Frauen als traumhaft empfunden wird, führt bei Männern durchaus zur Überlegung: Das kann doch wohl nicht alles gewesen sein! Fazite in Richtung Gas geben, krachen und Sau rauslassen sind dann durchaus vorstellbar.

Natürlich geht es uns nichts an, was zwei 15-jährige baden-württembergische Schülerinnen um zwei Uhr morgens in einem Berliner Straßencafé zu suchen haben. Die beiden schildern aber, dass Ben Becker sich auf den Wunsch nach einem Handy-Foto sehr nett gezeigt habe. In Pose habe er sich gesetzt und extra noch die Haare in die Stirn gestrubbelt. Das ist durchaus nicht selbstverständlich.

Gibt es doch vereinzelt TV-Moderatoren knapp über 50, die solch einen Wunsch beantworten mit: »Verpisst euch, ihr Schlampen!« Ohne Rücksicht auf Mithörer an Nebentischen.

In jedem Fall erweist es sich als vorteilhaft, dass die Lebensgefährtin von Ben Becker in einem ausführlichen Interview Stellung bezogen hat. Leider ist oft das Gegenteil zu erleben: Abschottung, kein Kommentar, böse Briefe von Anwälten. So kommt es zu Spekulationen und schlimmen Gerüchten, Trittbrettfahrer versuchen, sich ohne Kenntnis der Fakten irgendwelche Vermutungen aus den Fingern zu saugen. So wissen wir aus berufenem Munde das Wichtigste, vom in die Tonne getretenen Handy bis zum bevorstehenden Geburtstag der Tochter. Wir wünschen gute Besserung.

Fernsehgebühren

Die Ministerpräsidenten überweisen demnächst noch 21 Cent, und dann ist Ruhe im Karton. Dies ist die zentrale Botschaft des jüngsten Urteils, welches das Bundesverfassungsgericht in Sachen Rundfunk- und Fernsehgebühren gesprochen hat. Wenn wir es als Laien richtig verstanden haben. Der Übersicht halber hier noch mal die wichtigsten Punkte:

Qualität: Zuständig hierfür vor allem ARD und Deutschlandradio. Phoenix im Bereich Tenorbegräbnisse, das ZDF begrenzt auf die Zeit zwischen »Volle Kanne« und Wetter nach dem »heute-journal«.

Quote: Kann, muss aber nicht sein. Wo die Kombination aus Qualität und Quote überdurchschnittlich geglückt ist (z. B. bei »Wetten, dass ...?«), kann Sponsoring zentraler inhaltlicher Bestandteil sein.

Qualitätsjournalismus, unabhängig bis investigativ: Findet ausschließlich bei ARD und ZDF statt. Eigentlich auch bei Phoenix, JournalistInnen kommen aber optisch oft nicht so knackig rüber. Demnächst führend in diesem Bereich wird arte durch den spektakulären Wechsel von Nachrichtenikone Thomas Kausch. Dessen früherer Arbeitgeber hat den Sendebetrieb inzwischen eingestellt.

Sport: Gehört zur Grundversorgung, muss aber sauber sein (Boxen, Rad, Leichtathletik). Kritische Distanz oberstes Gebot. Rechte werden nur erworben, wenn sie teuer sind, aber nicht unverschämt.

Volksmusik: Eindeutig Grundversorgung. Soll aber rausgedrängt werden, da sich die Programmmacher auf zunehmend jünger werdende Gesellschaft einstellen wollen. Deshalb demnächst Casting-Show für Musicals (ohne Kandidatenbeschimpfung, wegen Rücksicht auf ältere Zuschauer).

Werbung: Bei öffentlich-rechtlichen Sendern gewünscht. Einnahmen garantieren Unabhängigkeit und Meinungsvielfalt. Ideal: Die Moderatoren spielen in den Spots mit. Erleichtert dem Zuschauer das Hinübergleiten vom Werbeblock in die Sendung.

Preisindex: Klingt irgendwie nach Steinbrück, aber mit sozialer Wärme. Geplantes Modell: Die Gebühren werden in Zukunft an die Lebenshaltungskosten gekoppelt. Erhöhung wird automatisch abgebucht, Zuschauer merkt es im Idealfall nicht mal. Alles wird teurer, also auch das Fernsehen.

Unterhaltung: Gehört auch zur Grundversorgung, allerdings nur mit dem Zusatz »anspruchsvolle«. Bei Verletzung der Menschenwürde erfolgt sofortige Grenzziehung. Resozialisierung statt Ausgrenzung (Boock, Pocher). Keine schwangeren Geiseln in Talkshows ab Woche 32 (Mutterpass!).

Plasberg, Will (Namensnennung in alphabetischer Reihenfolge): Hoffnungsträger in diesem deutschen Herbst. Slogan: politisch denken (Plasberg) – persönlich fragen (Will). Eröffnen und beschließen die Woche (So.-Mi.). Danach erfolgt Absenden von überwiegend bereits abgeschriebenem Programmvermögen.

Die Privaten: Leider total renditeorientiert, privat aber eigentlich ganz nett.

Die Besten sind schon weg (ARD, Schweiz).

Androides iPhone

Das gehackte iPhone gehört derzeit zu den heißesten Teilen, die in der Männerwelt verstohlen rumgezeigt werden. Für 100 Euro über Marktpreis gekauft bei einem Freund, der es aus den USA besorgt hat, und dann wiederum bei einem Kumpel zwecks Hacken in Arbeit gegeben. Und jetzt – die Augen blitzen, der Ton in der Stimme wird vibrierend – kann ich es mit meiner alten Karte weiterbenutzen! Ob die Jungs von T-Mobile den Laden da überhaupt noch aufmachen? Glaubt man der Vorabhysterie, wird das iPhone der Harry Potter unter den Handys. Um Mitternacht öffnen sich die Schleusen, und dann soll es elektronisches Manna auf alle regnen, welche bis dahin die freudige Erwartung kaum noch im Zaum halten können. Was das Neue alles kann? Guck mal, hier. Ich sehe ein Foto von einem Jungen auf einem Mountainbike. Das iPhone wird gedreht, das Bild erscheint breit und gestochen scharf. Mit dem Finger kann das Bild in Ausschnitten verändert werden. Irre! Mir fällt zum wiederholten Mal Gerhard Polt ein: »Haben Sie ein Foto von Ihrem Sohn?« – »Nein, ich kann ihn mir merken.«

Logisch, dass auch ein MP3-Player integriert ist. In welche Tonne kommt also der iPod? Wahnsinn! Wenn ich eine von 5000 gespeicherten Nummern (will man auch nur fünf davon wirklich anrufen?) anklicke, kann ich mir gleich auf Google Earth ansehen, wo der Angerufene wohnt! Wobei wir hier beim Stichwort für die nächste Sensation wären: das demnächst zu erwartende »Android«. Was zunächst nach einer Mischung aus Sternennebel und Geschlechtsumwandlung klingt, soll in sofortiger Bälde der pure Handy-Wahnsinn in Sachen blitzartigem Internet-Zugang sein. Denn Internet auf dem Handy ist bislang noch eher was für Menschen mit Geduld und Spaß an der Netzhautablösung. Zahlreiche Start-ups würden in den Konkurs und ihre Aktionäre unter die Brücken getrieben. Und zwar mit den beiden Killersätzen: a) »Bald holst du dir morgens den neuen Tom Cruise in der S-Bahn aufs Handy« und b) »Schon die WM in Deutschland guckt praktisch keiner mehr im Fernsehen«. Pfeifendeckel! Flachbildschirme gehen weg wie warme Semmeln, und Tom Cruise backt lecker Kuchen für Schirrmacher.

Vorsicht also vor allzu großer Euphorie, was neuartige Übertragungswege betrifft. Mag der aktuelle Börsenwert von Google auch fast doppelt so hoch sein wie der der Allianz – wer bitte ersetzt denn den guten alten Wasserschaden hinter der Ledercouch? Anruf genügt!

Schleichwerbung

Es tut so verdammt weh! Der Brief, mit dem sich Andrea »Kiwi« Kiewel im Nachrichtenmagazin »Super Illu« bei ihren Fans entschuldigt, lässt auch mich nicht unberührt.

Da kann es bei einer Mischung aus jut druff und total naiv schon mal vorkommen, dass man während eines Talkshow-Auftritts alle drei Sekunden ein Produkt nennt und dafür zwofuffzich extra vom Hersteller bekommt.

So ist es auch Andrea Kiewel passiert: »Menschen machen Fehler – schwere, mittelschwere, kleine.« So weit, so Kiwi. Allerdings war es eher ein saudoofer Fehler, dafür so wenig Geld zu nehmen. Denn Schleichwerbung kommt immer raus, so wahr ich Air Berlin vermeide. Deshalb habe ich in der vergangenen Woche auch abgelehnt, als man mir eine Stereokompaktanlage umsonst geben wollte, »wenn sie bei Ihnen auf dem Schreibtisch steht«. Natürlich in der Sendung. Ich gebe zu, ich war gefährdet.

Denn siebenhundertfünfzig Euro sind viel Geld, wenn man von einer Show pro Woche leben muss. Aber ich habe bezahlt. Denn nach einigen Monaten hätte sicher ein schlaues Köpfchen bei meinem Arbeitgeber gefragt: »Sag mal, was steht da eigentlich bei dem auf'm Schreibtisch?«

Und schon wäre ich den Weg aller Kiwis gegangen. Und nicht jeder hat das Glück von Andrea, wo es »trotz allem viele rettende Hände gab, die mich aus den Trümmern ausgebuddelt haben«. Das klingt nach verschüttet und Klopfzeichen nach drei Tagen. Vor allem aber klingt es nach einem Zweiteiler mit Veronica Ferres. Aber war Kiwi überhaupt verschüttet?

Wenige Zeilen später lesen wir, dass ihr Sohn sie »immer und immer wieder aus dem tosenden Meer aus Scham, Kummer, Angst und Tränen rausgezogen« habe. Das klingt nach einem weiteren Zweiteiler, diesmal mit Christine Neubauer.

Da hätte es mir auch keinen Spaß gemacht, mit dem Geländewagen an den Strand zu fahren, den man mir vor drei Wochen »gratis für ein Jahr« angeboten hat, wenn ich damit »ab und zu mal Gäste auf die Bühne fahre«. Kiwi hat eine zweite Chance verdient. Wie wär's mit einer UNICEF-Gala im Dritten, erst mal? Damit für sie nicht »das Licht am Ende des Tunnels« nur die Lichter der entgegenkommenden Lok sind.

Ivan und Ray

Ivan Rebroff und Ray Charles – ein trauriger Anlass macht es notwendig, dass wir die beiden verstorbenen Unterhaltungskünstler und das Schicksal ihrer Hinterlassenschaften heute einer gemeinsamen Betrachtung unterziehen.

Denn sie hatten viel gemeinsam. Keiner von ihnen war Russe, und doch trafen sie beide mit ihrer Kunst in unsere Herzen.

Wenn Ivan Rebroff mit seiner Pelzmütze auf unseren Fernsehschirmen erschien, dann war es meistens Donnerstag und ZDF. Wir durften noch aufbleiben, bis er ganz oben auf der Oktave war. Nur zwei Menschen im deutschen Fernsehen trugen in jenen glücklichen Tagen Pelzmützen: Fritz Pleitgen (Kreml) und Ivan Rebroff (Taiga).

Umso schmerzlicher, dass wir jetzt im Nachrichtenmagazin »Neue Post« erfahren müssen, dass Ivan Rebroff seinem Bruder nichts vererbt hat. Besonders schlimm: »Es ist wirklich bitter: Ich habe noch nicht einmal Anspruch auf eine der Pelzmützen meines Bruders.« So wird der überlebende Bruder zitiert, den das Jagdfliegerschicksal in WK II den Weg von Antoine de Saint-Exupéry kreuzen ließ (wir berichteten).

Und wer erbt alles, die Immobilie auf der griechischen Insel und das Schloss im Taunus und natürlich die Pelzmützen? Herr Rebroffs Managerin, eine Dame von 68 Jahren. Es sei ihr gegönnt, schließlich hat auch Marcel Proust die Weltrechte an der Recherche seiner Haushälterin vererbt.

Weit unschöner stellt sich die Situation bei Ray

Charles dar. Zwölf Kinder, ungefähr genauso viele Mütter, und ein Manager. Von einer Million Dollar pro Kind, einem entfernten Sarg bei der Trauerfeier und nachträglich neu gemixten Bändern mit Aufnahmen der Soul-Legende ist die Rede. So viel Zank sollte allen eine Warnung sein, die durch geschickte Anlage aus dem Elterngeld mehr als 25 Millionen Dollar gemacht haben: Der Manager wird vorab mit einem Flachbildschirm abgespeist (Hit the road, Jack!), und die ungefähr zwölf Mütter werden per Testament zur Erbengemeinschaft erklärt.

Wenn die sich dann einig geworden sind, gibt's vom Rest für die Kinder Pelzmützen.

27 Millionen Euro

Mann, Mann, Mann! Dieser Dreiklang von Deutschlands Schuldnerberater Nr. 1, Peter Zwegat, muss erlaubt sein, wenn wir die neuesten Zahlen lesen. Die neuesten Zahlen im Zusammenhang mit Franjo Pooth, Gatte von Verona und vermutlich total unschuldig in schwere Wasser geraten.

Nein, Häme ist hier fehl am Parkplatz. Wie es aussieht, darf Franjo P. (die Persönlichkeitsrechte müssen gewahrt bleiben) zumindest seinen Hummer behalten. Gemeint ist die Familienkarosse, nicht der Besserverdienerfisch.

Denn eine Forderung über 27 Mio. Euro von Gläubigern kann jeden treffen. Fast jeden. Voraussetzungen sind leichte Schwierigkeiten im MP3-Player-Laden, einige Flachbildschirme sowie der Besitz einer GmbH. Und natürlich sehr, sehr viel Pech. Jetzt schauen die Gläubiger – also die, wo Geld zurückwollen – in die Röhre. Genau dorthin würde privat mancher Dorfbanker schauen, hätte er nicht von F. Pooth (Name von der Red. nicht geändert) einen schmucken Flachbildschirm bekommen. Der hat natürlich keine Röhren.

Viele Gläubiger wären vielleicht weniger gutgläubig gewesen, hätten sie sich mit dem kleinen bH in GmbH ausgekannt. Beschränkte Haftung, abgekürzt. Bedeutet nicht: So beschränkt müsste man sein, dafür zu haften. Sondern: Ja, ich hafte. Aber halt nur beschränkt. Sehr beschränkt.

'N büschen eben. So für 25 oder fuffzich TEURO. Was viel ist, wenn man noch zehn Euro will. Aber eher wenig bei 27 Mio. Aber genau dafür gibt's ja die

GmbH! Mooooooooooment! Was bedeutet dann der Satz »Der GmbH-Geschäftsführer steht immer mit einem Bein im Gefängnis«? Also angenommen, man gibt pro Monat sechzigtausend Euro aus, hat aber im letzten halben Jahr bloß zwei Akkus verkauft. Dann ist abzusehen, dass bald nix mehr fließt. Lateinisch Insolvenz. Die kann man anmelden, ungefähr so wie Vierjährige im Golfclub. Im Rheinischen heißt es sehr viel menschlicher »die Gabel machen«. (Wg. der fünf Finger, wenn man die Schwurhand hebt.) Andererseits kann es ja bald wieder besser laufen. Mal rein als Bauchgefühl. Megadeals am Rande eines Charity-Events oder so. Dann kommt Weihnachten, Ämter zu, erste Woche nach Neujahr haut dir 'ne Grippe die Beine weg – und schon bisse pleite, hast aber keinen erreicht. Fachausdruck: verschleppte Insolvenz. Ähnlich wie verschleppte Grippe sehr gefährlich. Allerdings droht weniger die Intensivstation, sondern vielmehr Knast.

Aber so schwarz wollen wir nicht sehen. Wir drücken die Daumen, denn von den 27 Mio. sind angeblich nur 19 berechtigt. Bleiben also schon acht Mio., die investiert werden können. Und meistens hat die Frau was gespart, wenn der Mann die Gabel macht. Kopf hoch!

Sportreporter

Sie sind jung, und Doppelsechser kommt Ihnen so flüssig über die Lippen wie »Zahlen, bitte«? Sie haben nie an Schweini als Brandner Kaspar gezweifelt? Dann ist Sportreporter der perfekte Beruf für Sie!

Am Anfang steht die Frage: Reporter im Fernsehen oder für eine Zeitung? Grundsätzlich ist natürlich eine Tätigkeit beim Fernsehen wesentlich attraktiver: Kohle, Party, Weiber – alles bis zum Abwinken. Allerdings muss ein feiner Unterschied beachtet werden: Vor oder hinter der Kamera? Wenn Sie hinter der Kamera arbeiten wollen, können Sie gleich bei der Zeitung bleiben. Niemand kennt Ihr Gesicht, Sie stehen an der Bar außerhalb der Nüsschenreichweite, und als Kommentator kriegen Sie nur Verrisse. Hier ist eine erste Besonderheit zu vermerken: Die Kollegen aus dem Printbereich schreiben eimerweise Glossen über die vom Fernsehen. Umgekehrt herrscht eher Ignoranz. Außer bei Verrissen oder Heiligsprechungen.

Wenn Sie als Sportjournalist vor der Kamera arbeiten, haben Sie es geschafft. Sie sind stundenlang auf dem Schirm, jeder kennt Sie, naive Zuschauer glauben sogar, Sie hätten Einfluss auf den Spielausgang. Allerdings gibt es auch vor der Kamera noch mal zwei Kategorien: die Giganten (Beckmann und Kerner) sowie die Abteilung »hat am Spielfeldrand einen Gesprächspartner«. Als solcher sind Sie meist nur mit dem Hinterkopf zu sehen und können sich nur durch heftiges Nicken partiell ins Bild bringen.

Als Zeitungsreporter müssen Sie während Großereignissen bis zu 40 Artikel pro Stunde liefern. Demnächst doppelt so viele (online!). Wichtigstes Arbeitsgerät: die Tonne, in die Sie Ihre Texte vom Vortag kloppen können. Außerdem: Mut zum Skurrilen! Ruhig mal 24 Stunden den Schulfreund des Zeugwarts begleiten, dem Mannschaftskoch den Lieblingsbrotaufstrich von Harald Stenger entlocken oder eine kultige Fotoreportage über verdreckte Stutzen nach dem Spiel (geht natürlich nur, wenn Ihre Zeitung mindestens eine Wochenendbeilage hat. Besser wäre ein Magazin. Falls nicht eingestellt wegen online!).

Die Elite unter den Edelfedern hat kurz vor dem Einsnull gegen Portugal ein First-Class-Thema entdeckt: Das deutsche Quartier im Tessin! Bis einschließlich Polen-Spiel eine Oase der Ruhe, des Luxus, der unaufgeregten Trainingsarbeit, der modernsten Trainingsmethoden, der sachlichen Analyse und familiären Ungezwungenheit. Kurz: Hier wird Philosophie gelebt.

Ab Kroatien: verregnet, zu weit, zu Nachtflug, zu Busfahrt, zu Ankunft um drei in der Nacht. Fazit: zu Bierhoff.

Ein Mannschaftsquartier ist bei aufmerksamer Beobachtung und leicht erhöhter Phantasie für drei bis fünf Artikel gut. Nach dem Triumph über Portugal dürfte es zu einer Mischung aus Vatikan und Malente reichen. Kleiner Anreiz: Wie wohnt man eigentlich demnächst in Südafrika? Tipp: auf dem Traumschiff in Küstennähe.

Peking persönlich

»Ich möchte den Job auch noch in Sotschi machen.«
Das führende Mitglied des DOSB klang besorgt, als
Meldungen von den kriegerischen Auseinandersetzun-
gen in Georgien nach Peking drangen.

Schließlich finden die Winterspiele 2014 in Russland
statt, und da können Schießereien leicht den Bau des
Skilifts verzögern. Mittlerweile hat Sarkozy für Ruhe
gesorgt, und man kann sich auch als DOSB-Mitglied
wieder den eigentlichen Aufgaben widmen. Ansonsten
präsentiert sich Peking ziemlich anders, als in unserer
freien Presse vorab befürchtet. Beim Essen, zum Beispiel. In den Garküchen und Fischbratereien ist alles
gut durch und schmeckt prima. Vorsicht dagegen ist
bei allem angebracht, wo im Namen irgendwie »Deutsches« oder »Bräuhaus« vorkommt. Dort können einen nach dem Verzehr von deutscher Hausmannskost
gastroenterologische Störungen oder gar Ekelgefühle
befallen, die sich bis zum Beginn der Leichtathletik-
wettbewerbe ziehen. Auch das Fehlen deutscher Tageszeitungen wurde vorab mit einer Dramatik geschil-
dert, dass einem schwummrig werden konnte. Richtig
ist: Ich habe bisher noch keine deutsche Tageszeitung
gesehen. Das Schöne daran: Sie fehlt einem nicht! Gibt
ja Internet, und was man da an Informationen erhält,
genügt völlig. Dann muss man sowieso wieder Michael
Phelps gucken. Deutsche Verleger können also in ihren
Bestrebungen ermutigt werden, das heimatliche Ge-
schreibsel verstärkt ins Internet zu verlagern. Ihre Blätter sind dann weltweit abrufbar, und das mit deutlich
verkleinerten Redaktionen. Ob die Meinungsfreiheit

während der Spiele eingeschränkt ist, kann ich nicht beurteilen. Es wäre in jedem Fall wünschenswert. Denn was sich einem bei den zahlreichen PR- und Medienevents alkoholgesättigt als Meinung ins Ohr ergießt, muss nicht sein.

Verwunderlich ist weiter, dass man häufig nach den Erfahrungen mit der Zensur gefragt wird. Und zwar von zwei Typen von Journalisten: a) große Lokalzeitung, die im Besitz einer Verlegerfamilie ist, der am selben Ort noch drei weitere Zeitungen gehören. Besonderes Kennzeichen: Verleger schreibt einmal pro Jahr zweiseitigen Leitartikel und erhält darauf 40 000 positive Leserbriefe. Sowie b) Lohnschreiber eines wöchentlichen Produkts, die fertige Artikel in die Tonne kloppen müssen, weil der betroffene Dax-Konzern mit Stornierung der mehrseitigen Anzeigenstrecke gedroht hat. Sowie natürlich das Heer von Schreibern, die nur durch gezielte Annahme von Auftragsartikeln die Patchworkfamilie über die Runden bringen. Fazit: In einer globalisierten Welt nähern sich alle an.

Olympiafazit

Die Spiele in Peking neigen sich ihrem Ende zu. Fazit: Sie waren ein großer Erfolg. Für China, für die Sportler und für die öffentlich-rechtlichen Berichterstatter vor Ort.

Politisch ist die Situation klar. Wer die Sprache nicht beherrscht und nicht für einen längeren Zeitraum in China gelebt hat, sollte sich einfach mal geschlossen halten. Für den deutschen Talkshow-Touristen empfehlen sich leichtere Themen. US-Wahlen, Afrika oder gleich Bildung. Wer aber im chinesischen Restaurant nur bestellen kann, indem er auf die Fotos in der Speisekarte zeigt, hat vielleicht auch Probleme bei der Beurteilung des internen Demokratieprozesses im Reich der Mitte.

Bemerkenswert die Freundlichkeit und Hilfsbereitschaft der Pekinger Bevölkerung. Erst wird gelächelt, dann wird erklärt. Kein Problem, wenn man danach in die falsche Richtung marschiert. Denn auch dort stehen mindestens zwei, die einen wieder in die andere Richtung schicken. Die Ruhe und Gelassenheit in den Parks führt einem den übelsten Auswuchs westlicher Dekadenz vor Augen: die Fanmeile. Hier sind unsere Kirchen, Parteien und Gewerkschaften gefordert, den grölenden Horden ihr wahres Dasein vor Augen zu führen: billiges Schwenkfutter für die Fernsehberichterstattung (»Das Sommermärchen geht weiter«). Wer je einen frisch gekürten Olympiasieger erleben durfte, in dem keimt der Wunsch nach einem umfassenden Verbot des Breitensports. Die Schwitzenden, Keuchenden und Unförmigen, die sich an den Wochenenden durch den öffentlichen Raum wälzen, sind ein Angriff auf die Würde der Leistungssportler. Spitzenathleten strahlen mit jeder Faser eine Energie und Spannung aus, die den Amateur aus den Laufschuhen katapultiert.

Olympiateilnehmer oder einfacher Spaziergänger – der Raum dazwischen sollte von unseren Ordnungskräften frei gehalten werden. Ist es sinnvoll, dass sich deutsche Städte als Ausrichter bewerben? Für München durchaus, aber nur im Winter. Zur Eröffnung eine festliche Sprengung des alten Olympiastadions durch Franz und einen resozialisierten Terroristen (Voraufzeichnung?). Die Wettbewerbe selbst dann im schneesicheren Österreich. Für den Sommer käme frühestens in 30 Jahren Berlin infrage. Wenn die deutschen Wanderarbeiter das erste Geld aus Asien schicken, wo sie durch den großen Gemeinschaftsgeist Reinigung erfahren haben.

Unser Capitano

Viele Deutsche hätten kaum noch Spaß am Leben, sollte Torsten Frings nie mehr in der Nationalelf spielen. Klar, dass Michael Ballack, unser Capitano, dieses beängstigende Szenario jetzt mal thematisieren muss. Und zwar in einem Wortlautinterview in der FAZ, der angemessenen Plattform für einen Mann, dem wir unvergessene zweite und dritte Plätze zu verdanken haben.

»Einigen Spielern wird ans Bein gepinkelt«, so die Überschrift. Das muss nicht negativ sein, schließlich ist Fußball eine rustikale Sportart für echte Kerle. Bestimmt lässt sich auch ein Fitnessguru finden, der einen körperwarmen Strahl Urin unmittelbar nach Spielende für regenerationsfördernd hält. Eine Art mobiles Entmüdungsbecken gleich auf'm Platz.

Der Micha scheint aber den Eindruck zu haben, es würde von einem Zug aus gepinkelt. Oder warum vermutet er sonst, dass »einige auf diesen Zug aufspringen wollen«?

Vielleicht nicht die glücklichste Metapher in diesen Zeiten, da Züge gar nicht oder nur in halber Länge unterwegs sind. Aber schon der nächste Satz im Interview ist der eigentliche Bringer: »Ich warte fast stündlich auf den Beitrag von Lothar Matthäus und seinen Lohnschreibern.« Hmm, zum einen hat unser Rekordinternationaler als Fußballlehrer im Heiligen Land sicher Wichtigeres zu tun, als sich mit Problemen à la Frings oder Kurányi rumzuschlagen. Und mal ehrlich: Der Loddar hätte sich früher ganz einfach selber aufgestellt!

Ein Lothar Matthäus, der wo alles gewonnen hat, wovon der Michael Ballack träumt, hätte sich nie von irgendeinem Warmduscher auf die Bank setzen lassen. Andererseits darf vermutet werden, dass mit »Lohnschreibern« die Kollegen vom Boulevard gemeint sind. Wird hier nicht etwas pauschal diskreditiert? Leisten nicht gerade die Boulevardjournalisten einen unschätzbaren Beitrag, um die Massenware Fußball für große – auch bildungsferne – Bevölkerungskreise aufzuarbeiten?

Vielleicht gilt es für Michael Ballack noch aufzuarbeiten, dass ihn Bundestrainer Löw kürzlich nach seiner Fußoperation nicht angerufen hat. Sicher: Scolari, Mourinho, die Spieler von Chelsea und Bayern – nicht übel. Aber so ein Anruf von Löw, das ist halt schon was anderes. Oder zumindest von Andy Köpke. So wie damals bei Hildebrandt. Wir, die Fans, hoffen bloß, dass beim DFB bald alles so läuft, wie unser Capitano es will. Oder dass wenigstens Peter Sodann Bundespräsident wird.

Timo

Ist das schon der Aufschwung? Der erste Lichtstreif am Horizont mit Pendlerpauschale? Oder gibt es zwischen Himmel und Hoffenheim einfach mehr Dinge, als unsereins begreifen kann? Der Timo ist wieder da!

Wohl kaum ein Spitzenfußballer stand so exemplarisch für deutsche Befindlichkeit wie Ex-Nationaltorwart Timo Hildebrand. Meister mit dem VfB Stuttgart, als der Dax in Achttausender-Regionen schwebte, von Andy Köpke telefonisch vom Sommermärchen reloaded ausgeladen, dann mit Valencia in die größte Weltwirtschaftskrise seit Oma ihr klein Häuschen gerauscht. Und jetzt von einer Art Supertalent ohne Mundharmonika direkt in den europäischen Wunderclub schlechthin aufgefahren. Zu 1899 Hoffenheim, vermutlich Herbstmeister.

Natürlich hat Timo auf viel Geld verzichtet. Das hätte er vielleicht in Köln verdienen können, wo man ihn fanmäßig schon so gut wie verpflichtet sah. Hat leider nicht geklappt, ist in Köln aber nichts Ungewohntes. Ist da jetzt für Poldi etwas mehr drin?

Außerdem hat Timo sein Umfeld geordnet. Wie vor einiger Zeit auch Schweini in München. Und irgendwo auch Kevin auf Schalke. Umfeld ordnen bedeutet in gut frisierten Fußballerkreisen gewöhnlich, die Zahl der Manager und Berater von unüberschaubar auf ungefähr zwei zu reduzieren. Wobei mindestens einer Begriffe wie brutto, netto und Vorauszahlung einordnen kann. Also den Sprung von der Plastiktüte zum Girokonto geschafft hat.

Laut Selbstauskunft will Timo in Hoffenheim mithelfen, die jungen Spieler zu führen. Klingt vernünftig, jetzt, wo der Aufsteiger nur Platz eins erreicht hat und sein Wundersturm sämtliche Rekorde zu brechen droht. Da werden Führungsqualitäten von einem ausgeruhten Ex-Wahlspanier gern in Anspruch genommen. Wenn wir richtig gezählt haben, hat Timo beim neuen Club nur vier Torhüter vor sich. Sollte er die erwartete Leistung abrufen können, ist er sicher wieder ein Thema für Jogi Löw.

Auch als Kapitän, der die Hoffenheimer Siegermentalität auf die zuletzt schwächelnde Nationalelf übertragen könnte. Man muss kein Demagoge sein, um im Interesse des deutschen Fußballs zu fordern: Jeder Spieler muss jeden Tag ein bisschen mehr Timo werden.

»*Laut Statistik fehlen plötzlich 1,3 Mio.
Bundesbürger. Und die können unmöglich
alle Heilpraktiker sein.*«

**Lifestyle, Fitness und andere Senioren-
sportarten: Deutschland, demographisch**

Kürzlich erbrach ich Rotkohl in drei Schüben. Ich weiß, dass viele Menschen das eklig finden. Vielleicht ist ihr Gefühl damit aber auch nicht präzise beschrieben. Hier könnte das Taschenbuch Hochmut, Ekel, Hass – zur Phänomenologie feindlicher Gefühle, *Aurel Kolnai, suhrkamp taschenbuch wissenschaft, Hilfe bei künftigen Schilderungen bieten.*

Denn daran musste ich denken, als die drei nahezu unverdauten Rotkohlhaufen im Waschbecken vor mir lagen. An die Bedeutung der sprachlichen Genauigkeit. Während ich mich zwischen Schub zwei und drei leicht krümmte, dachte ich an den Abschnitt, in welchem der Hochmut vom Stolz abgegrenzt wird. Komisch, was einem so alles durch den Kopf geht. Während ich mein kalt verschwitztes, blasses Gesicht im Spiegel sah, nahm ich mir vor, nicht nur meine Essgewohnheiten wieder mehr zu verfeinern, sondern auch jede Art von negativer Energie von mir fernzuhalten. Denn jeder Mensch ist ein Kunstwerk, das es verdient, bewundert und geliebt zu werden.

Derart hochgestimmt betrat ich nach der üblen Nacht den Frühstücksraum meines Hotels, denn für mich sentimentalen Knuddelteddy gibt es nichts Schöneres als Frühstück im Frühstücksraum eines Hotels. Sage mir, was Du isst – und ich sage Dir, wie sehr Du mich nervst.

Als Käufer dieses Büchleins wissen Sie, dass es hier nicht um die Dicken, die Vielfraße und die Mehrfachgänger geht. Das wäre vulgär. Wir maßen uns nicht an, über Menschen zu urteilen, die vielleicht ein schweres Schicksal meistern.

Vielleicht genehmigt sich die korpulente Dame zwei Esslöffel Nutella auf dem Croissant, weil sie gerade erfahren hat, dass ihr Mann noch lange zu leben hat? Warum denn nicht gleich zwei Actimel im Stehen trinken? Vielleicht ist in zwei Minuten schon keins mehr da!

Nein, hier geht es um die Fitten. Die Pumperlgsunden. Die Sehnigen, mit der straffen Haut über den hohlen Wangen, der Mulde zwischen Brustbein und Gürtel. Die sich stretchen, während sie zur Papaya in der zweiten Reihe greifen. Ihre sorgfältig komponierten Obstteller tragen sie wie eine Monstranz zum Tisch. Der Ober darf maximal heißes Wasser bringen, den Tee (ayurvedisch?) hat man selbst dabei.

Aufrechte Haltung, den Teller schön vor sich hin stellen, und dann langsam und bewusst genießen. Jeden Bissen zu Brei zerkauen, denn das ist bereits der erste Schritt einer mustergültigen Verdauung.

Frage an Dr. Sommer: Welcher Therapeut ist für mich zuständig, wenn ich einem, der mir gegenüber im Hotel jeden Bissen fünfundvierzigmal kaut und dabei mit Blick aus dem Fenster ruhig die Jahreszeit auf sich wirken lässt, gerne eine scheuern möchte? Danke.

Die gesteigerte Variante dieses Typus erlebt man auf Kreuzfahrtschiffen. Powerwalking auf Deck sieben.

Häufig Ehepaare in durchaus modischem Sportswear, bei denen – ganz wichtig – jeder sein eigenes Tempo geht. Der Alte meist einige Meter hinterher, sie stählern federnd vorneweg. Gerne auch noch mit kleinen Hanteln in beiden Händen. Je nach Schiffsgröße kommen sie alle fünf bis sechs Minuten am Fenster des Frühstückssaals vorbei, in dem die

Willensschwachen gerade Bacon um die Buletten wickeln und mit Schampus rosé nachspülen. Frühstück für die Jogger? No, Sir! Man hat beim Early Bird Breakfast (ab sechs Uhr in der Bibliothek) einen halben Apfel gerieben, um beim Pilates den Verdauungstrakt nicht übermäßig zu belasten.

Ab und zu tun sie einem mal den Gefallen und legen sich bei starker Gischt in der Kurve auf die Fresse. Natürlich wird das Programm deshalb nicht gestoppt. Eine Viertelstunde später präsentiert man mit superprofessioneller Bandage doppelt so viel positive Energie.

Alle diese bewusst ernährten Gesundheitsmenschen strahlen aggressiv eines aus: Frag uns, wie alt wir sind! Wir sind 15 Jahre älter, als wir aussehen. Im Ernst? Er, mit beiden Handflächen bei gestreckten Knien auf der Planke: 74 und springt täglich vom Schrank. Wahnsinn! Sie, ein Bein gestretcht auf der Reling, mit dem andern Kniebeugen, wollte ihr Gynäkologe mit in den Hörsaal nehmen. 67 und ein Zyklus wie eine Schweizer Uhr. Wir müssen weiter, sonst schaffen wir unser Pensum nicht …

Ja trägt denn außer dem schwerhörigen Campino keiner mehr Stützstrümpfe? (Der SPIEGEL berichtete.) Die Welt ist aus den Fugen. Wer Klarheit sucht, bitte umblättern.

Altes Deutschland

Die Bundesregierung will mit rund vier Millionen Euro den Aufbau von Informations- und Kontaktbörsen subventionieren, um Wirtschaft, Wissenschaft und Seniorenorganisationen miteinander ins Gespräch zu bringen.

Im Klartext: Jetzt will man den Alten ans Portemonnaie! Früher brauchte man keine Millionen, da genügte 'ne Tasse Bohnenkaffee und ein Stück Hefezopf, um mit unseren Senioren ins Gespräch zu kommen.

»Na, Frau Michulski, was macht die Hüfte?« Mit dieser Frage kam man locker durch den Zivildienst, und als Antwort kam ein zuverlässiger Undankbarkeitsrapport vom Sohn bis zu den Enkeln. Ansonsten ging man wallfahrten, trank Apfelsaft mit Würfelzucker und steckte dem Pfarrer die Hundertmarkscheine bündelweise zu.

Heute fährt die Generation Währungsreform mit der Harley zum Clapton-Konzert, wenn sie nicht gerade jede verfügbare Körperöffnung mit warmem Ayurveda-Öl beträufeln lässt. Dafür braucht man keine teuren Studien, da genügt ein Sonntagnachmittag in einem beliebigen deutschen Ausflugslokal: In erstklassiger geistiger und körperlicher Verfassung werden die Deutschen immer älter. Zum wiederholten Male: Den Rentner in kurzen Hosen und mit grauen Socken in den Sandalen gibt es nur noch im deutschen Kabarett. Wer sich heute in der Outdoor-Hölle bewegt, tut dies in Piratenhosen und Ballerinas. An kälteren Tagen kommt dazu noch das schlimmste Kleidungsstück seit Erfindung der Lederweste, die Fleecejacke. So fittelt sich unser Volk auf das magische Jahr 2035 zu, wenn mehr als die Hälfte der Deutschen über 50 sein werden. Und natürlich schwerreich. Was wir dann brauchen, sind keine Einstieghilfen für die Badewanne und keine Schnabeltassen in Leuchtfarben. Kein Mensch wird auch ein Handy mit Tasten in der Größe von Kuchentellern kaufen. Muss ja nicht gleich jeder sehen, dass der Olle zu dusslig ist, normale Tasten zu bedienen.

Was wir brauchen, sind Produkte, die den schwerreichen Neunzigjährigen von morgen lässig und elegant durch seinen Alltag bringen. Ein GPS von Bentley für den sicheren Weg aus der Garage zum Beispiel. Oder Tabletten, die bewirken, dass durch Liftfahren auf Kreuzfahrtschiffen der Alkoholpegel gesenkt wird. Und natürlich unbedingt eine Bestandsgarantie seitens der EU für den Nachrichtensender Sat.1. Die neuen Alten wollen wissen, was in der Welt geschieht, und fürchten sich nur vor einer Nachricht: Verdammter Jugendwahn – ZDF feuert Gottschalk!

Gesunde Städte

Erschreckend! Frauen in Gelsenkirchen werden im Schnitt grade mal 80,3 Jahre alt, während sie es in Stuttgart bis 82,8 Jahre krachen lassen können. Hat Kevin Kurányi das gewusst?

Dies ist nur eines der sensationellen Ergebnisse, welches die Medizinische Hochschule Hannover vorlegt. Im Auftrag der Zeitschrift »healthy living« hat sie einen Gesundheitsatlas erstellt. Ein Blick da rein dürfte die Lebensfreude etwa in Saarbrücken rapide sinken lassen: Um dramatische 2,6 Jahre liegt die Lebenserwartung eines Mädchens niedriger, das heute versehentlich in Saarbrücken geboren wird statt vorschriftsmäßig in Stuttgart. Lohnt es sich da überhaupt noch anzufangen? Allerdings muss sich auch das frisch entbundene Schwabenmädel fragen lassen, was so attraktiv daran sein soll, über zweieinhalb Jahre länger auf Europas demnächst größter Baustelle zu verbringen. Katastrophale Zustände auch in Heidelberg. Beschämende 22,8 Klinikbetten für 1000 Einwohner!

Dann lieber gleich als Frau in Saarbrücken geboren werden.

Dass Leverkusen (Platz 17) wesentlich gesünder ist als Hamburg (23), muss hier nicht extra erwähnt werden. Kiel sei die beste Luft gegönnt, es hat ja sonst nichts. Feiern darf man in Bergisch Gladbach: die sicherste Stadt Deutschlands! Dafür ein ganz herzliches Dankeschön an den Papa von Heidi Klum.

Unangefochtener Spitzenreiter in Sachen Gesundheit ist Ulm. Donau, Spatz und Amerikaner – diese drei haben jahrzehntelang dafür gesorgt, dass die Welt von Ulm aus mit Fitnessbolzen wie etwa den Hoeneß-Buben versorgt werden konnte. 1,75-mal geht der Ulmer pro Jahr ins Theater. Dabei hätte man allerdings gern gewusst, welches Stück er ganz anschaut und bei welchem er durch Gehen kurz nach der Pause nur auf 0,75 kommt. Wenn in 20 Jahren erst noch die Hochgeschwindigkeitsstrecke nach Stuttgart fertig ist, fährt der pumperlgsunde Ulmer auch noch schnell in die Landeshauptstadt, um die Lebenserwartung zu steigern. Jubel!

Erfreulich auch die Platzierung von Köln (32), der Welthauptstadt des Siffs. 40 Plätze vor Berlin, und jetzt soll auch noch die Innenstadt von Albert Speer zukunftstauglich geplant werden. Muss nur noch die UNESCO den Dreck in Köln zum Weltkulturerbe erklären, dann kann man sich in Bonn (4) warm anziehen. Ein sinnvoller Lebensplan sieht im August 2008 in Deutschland demnach folgendermaßen aus: als Frau in Stuttgart geboren werden, zum Durchatmen nach Kiel, dann ein fast kompletter Theaterabend in Ulm, mit 5000 Euro bar in der Tasche durch Bergisch Gladbach bummeln und statt riskanter Auslandseinsätze mal für ein halbes Jahr nach Herne (Platz 81).

Bitte bleiben Sie gesund!

Deutsche im Netz

Man hätte es wissen können: Vor allem Frauen und über 50-Jährige stürmen das Netz. Gemeint ist natürlich das World Wide Web, das in den vergangenen zehn Jahren den Anteil der deutschen Nutzer fast verzehnfacht hat. Mehr als 40 Millionen Landsleute sind jetzt im Netz. Beliebt ist vor allem das Radiohören, aber auch bewegte Bilder werden gern genommen. Welche das sind, kann jeder ahnen, der im Familiencomputer schon mal in den besuchten Seiten gestöbert hat, die vom Vorbesucher vermeintlich gelöscht wurden. Klar auch, warum vor allem Frauen sich im Netz so wohlfühlen: Ab in den Warenkorb! Stundenlang shoppen, ohne sich dafür überhaupt anziehen zu müssen – prickelnder als das Gefühl, Duftkerzen, Sportswear und Entspannungs-CDs per Mausklick auf die Einkaufsliste zu setzen, ist nur das Klingeln am spätestens übernächsten Tag, wenn der nette Herr vom Paketdienst alles bringt.

Die Pakete (leer) sind dann anschließend Sache des Lebenspartners. Während er sie zum Müll bringt, kann er darüber nachdenken, ob der Hinweis auf vierwöchiges Rückgaberecht für die Augen seiner Frau vielleicht zu klein erscheint. Oder ob sie mit der Vokabel »Nichtgefallen« nichts anfangen kann. In jedem Fall sollte er Trost spenden, wenn man sich gerade bei Kerzenlicht (Vanilleduft, ab sechs Kartons zusätzlich eine Pilates-DVD) und Rotwein (ab Bestellung von 120 Flaschen eine Kochschürze »Sansibar«) so richtig schön romantisch auf die Couch gekuschelt hat und dann feststellt, dass die 2-Euro-DVD von »Chocolat« auf Spanisch ist.

Haste falsch geklickt, Schatz, ist mir auch schon passiert.

Für die über 50-jährigen Neulinge im Netz gilt es zunächst einmal, sich mit dem Cyber-Spezialvokabular vertraut zu machen. »Runterfahren« ist einfach ein bisschen hochgestochen für »Stecker raus«. Schont die Umwelt und schützt vor Blitzschlag. Hilfreich ist es auch, für alle Seiten dasselbe Passwort zu nehmen. Bitte verschlüsseln. Ein Hundename oder das eigene Geburtsdatum rückwärts – da beißen sich die Bösewichte im Netz die Zähne aus. Am besten das Passwort gleich überall speichern, dann ist es sicher. Schon ein bisschen Erfahrung setzt der Immobilienkauf online voraus. Manch einer wundert sich vielleicht, dass innerhalb von 14 Tagen vier Top-Immobilien in einer Straße verkauft werden. Durchaus enttäuschend dann die Erfahrung, dass es sich um ein und dieselbe Hütte handelt, nur mit immer neuen Fotos. Warum das geschieht, verrät die Formel »nahezu hochwasserfrei«. Aber selbst alte Hasen stutzen noch, wenn sie sich plötzlich fragen: Hä, seit wann trägt denn Dieter Hoeneß Dreitagebart? Um dann festzustellen, dass es sich nicht um Herthas Erfolgsmanager handelt, sondern um Gengenie Craig Venter. Der knuddelige Professor hat sich jetzt sein komplettes Erbgut entschlüsseln lassen und ins Netz gestellt. Eine faire Geste gegenüber Frauen, die sich von dem hundertfach Gefährdeten vielleicht bis gerade eben noch ein Kind gewünscht haben.

Mutter 64

So langsam haben wir in Sachen Natur die Faxen dicke. Erst ruiniert sie uns das Klima durch eine viel zu labile Ozonschicht. Und jetzt müssen wir erfahren, dass sie den Frauen so ab Mitte 40 jahrtausendelang den Mutterwunsch verwehrt hat. Es bedurfte erst einer unerschrockenen 64-Jährigen und ihres gleichaltrigen Gatten, um zu beweisen: Der Mensch vermag überall dort Grandioses zu leisten, wo er die Natur in ihre Schranken weist. Ein Kind mit 64 – Millionen deutsche Frauen erleben in diesen adventlichen Tagen vor Begeisterung einen pränatalen Milcheinschuss!

Natürlich geht das bei Frauen in diesem Alter nicht mehr so wie bei Blume und Biene, aber findige Reproduktionsmediziner haben schon länger das befruchtungsmäßige Ei des Kolumbus entdeckt. Wie alles Zukunftsträchtige in Deutschland natürlich verboten. Fahren wir eben ins Ausland, wie in der guten alten Zeit zur Abtreibung.

Man muss nicht Pädagogik studiert haben, um zu wissen: Für ein Kind kann es nichts Schöneres geben als eine Mutter, die bei der Geburt 64 ist, 70 bei der Einschulung, 82 beim Führerschein – was ist den jungen Müttern bisher alles entgangen!

Wer mit 64 Mutter wird, sitzt mit 75 nicht allein zu Haus, sondern erlebt die aufregende Phase, dass der elfjährige Sohn plötzlich die Jeans selbst kaufen will. Welche Tochter träumt nicht davon, beim vertrauten Plausch im Badezimmer von einer bald 80-jährigen Mutter in die intimsten Details des weiblichen Körpers eingeweiht zu werden? Mit 64 haben die meisten

Frauen ihre Berufsausbildung abgeschlossen und die notwendige Reife für ein Kind. Sie träumen nicht mehr vom Märchenprinzen auf einem weißen Ross, sondern von einem Samenspender ohne moralische Scheuklappen. Dieses Bewusstsein wird unsere Gesellschaft mehr verändern als der Mindestlohn. Jetzt geht die Post ab, auch für uns Männer. Schließlich war Abraham beim letzten Kind irgendwas zwischen 130 und 800.

Heut geh ich ins »Maxim« …

Duftende Treppenhäuser

Niemand, wirklich niemand kann bestreiten, dass unsere deutschen Treppenhäuser in der jüngsten Berichterstattung sträflich vernachlässigt wurden. Ist es die zunehmende soziale Kälte oder die erschreckende Anonymität unserer Wohnsilos? Besteht kein Interesse mehr an den Gerüchen, die durch Treppenhäuser wabern und mehr Rückschlüsse auf die Sozialkultur erlauben als jede Datenspeicherung? Denn auch dies muss zum Wegfall der Passkontrolle pünktlich zum 21. Dezember an unseren östlichen Grenzen gesagt werden: Grauenhaft nach Knoblauch stinken fast nur noch Deutsche. Vorbei die Zeiten, da uns Knofiwolken unter dicken Schnurrbärten oder bodenlangen Damenmänteln entgegenwehten.

Der Migrant von heute duftet nach Metzingen. Wer heute stinkt, hat auch Goldknöpfe am Blazer.

Dies ist nicht nur einer aufgeschlossenen Kochkultur geschuldet. Wer die Knoblauchfahne von minus drei Grad auf dem Bahnsteig in den ICE rettet, der signalisiert: Ich bin lebensfroh. Ich bin Genussmensch. Ich bin mediterran. Kurz: Ich stinke, also bin ich richtig.

Wer so riecht, der kann noch feiern. Der dünstet aus: Auf mein Adventsessen freuen sich meine Freunde das ganze Jahr. Kräftig würzen, lange sitzen, Soße mit Brotresten vom Teller wischen. Wer solcherart dem Dasein huldigt, der stellt auch im Treppenhaus Schuhe vor die Tür. Fünf Paar mindestens. Ausgelatschte Birkis neben zerbeulten Kinderturnschuhen. Sie sagen, nein, sie schreien uns an: Ja, hier leben noch Kinder! Familie ist, wo Kinder sind, und wo Kinder sind, nimmt einem der Mief aus ihren Turnschuhen die Luft. Deshalb stehen sie im Treppenhaus, genauso wie Kinderwagen (mit Kiddyboard), Buggy, Roller und Fahrradanhänger. Nur das Fahrrad selbst, das steht natürlich in der Wohnung. Schließlich ist man urban, kreativ und will diese Mehrfamilienhaushölle mit diesem reaktionären Kinderfeindfaschisten (»Könnten Sie den Kinderwagen etwas mehr an die Seite stellen?«) möglichst bald eintauschen gegen ein Townhouse. Bauplan ist skizziert (1,5 m breit, 60 m hoch), Grundstück ist was für Leute mit Kennerblick. Sascha (weiblich) macht Bauleitung für wenig Geld, will dafür lieber mal gemütlich zum Essen eingeladen werden.

PS: Warum steht die SPD-Austrittsdrohung von Wolfgang Clement nicht groß auf den Titelseiten?

Kassenpatienten

Ob sie dafür auch länger leben? Wir wissen es nicht. In jedem Fall warten Kassenpatienten deutlich länger auf einen Facharzttermin als Privatversicherte. Dies hat für uns jetzt das griffig benannte Institut für Gesundheitsökonomie und Klinische Epidemiologie herausgefunden. Leiter übrigens Karl Lauterbach (genau, der mit der Fliege. Kompliment, dass er dafür überhaupt noch Zeit findet. Wir hätten geglaubt, er sei mit seinen Talkshow-Auftritten vollständig ausgelastet). Schuld sind die Kassen. Weil sie den Ärzten das Büdsché drastisch zusammengestrichen haben, behandeln die so etwa ab dem Zehnten des Quartals Kassenpatienten für lau und versuchen anschließend, die Maladen ins nächste Viertel zu schieben. Kleiner Tipp: schwere Krankheiten auf Anfang Januar, April, Juli oder Oktober verlegen.

Die Reichen und Schönen aber, mit ihren Platin Member Cards bei den Privatkassen, haben überhaupt keine Wartezeit. Sie marschieren durch. Auch wer nicht mit dem Doc befreundet ist oder mal was mit ihm hatte, wartet als Privater nur kurz auf einem Designerstühlchen im Wohlfühlbereich der Praxis, anstatt sich zwischen Anoraks und alten Tempos einen Stehplatz an der Wartezimmerwand suchen zu müssen. Irgendwo neben dem vergilbten Poster »Die zehn Warnzeichen des Krebses«.

Und ist es denn volkswirtschaftlich nicht sinnvoll, dass Privatpatienten bereits nach 11,9 Tagen zur Magenspiegelung gebeten werden (Kasse: 36,7)? Aufgrund ihres variantenreichen Alkoholkonsums als

Leistungsträger sind sie viel anfälliger für die mörderische Refluxösophagitis (im Volksmund: Sodbrennen). Kassenpatienten trinken nur Bier, weit weniger Magensäure produzierend als Wodka, Chablis, Cognac, Whisky sour oder flambierte Crème brûlée. Haben Menschen, die 100 % Einzelzimmerzuschlag, Chefarztbehandlung und nahezu garantiertes Wiederaufwachen aus der Vollnarkose mit teuren Zuschlägen finanzieren, nicht geradezu das Recht, zwischendurch mal eine sogenannte »Schlafspritze« verabreicht zu bekommen? Ein kleines Chillen dann und wann beim Gastroenterologen?

Rätselhaft bleibt, warum ein Kassenpatient schon nach 6,8 Tagen zum Hörtest will (Privat: schockierende 2,2). Was will er denn hören? Beck, Banken, Bomben? Das jagt ihm doch bloß die Pumpe hoch, während er innerhalb der Arbeitszeit auf seine Knie-Magnetresonanztomographie wartet!

Überhaupt ist die Unterscheidung arm/reich im Gesundheitswesen Quatsch. Schon mal beobachtet, wie einer 22-Jährigen mit Schnupfen stundenlang die Brüste abgetastet werden, während gleichzeitig der Heimwerker Ende 60 zusammengestaucht wird, warum er die abgetrennte Hand nicht gleich bei der Anmeldung vorgelegt hat?

Boykott

Wenn das mal den Chinesen nicht zu denken gibt! Yvonne Bönisch, unsere Judo-Goldfrau von Athen 2004, hat als erste deutsche Olympiasiegerin den Verzicht auf die Eröffnungsfeierlichkeiten in Peking angekündigt.

Sie möchte – klar – »Zeichen setzen«. Dafür scheint die Eröffnungsfeier bestens geeignet. Entweder man bleibt gleich weg oder zieht beim Einmarsch eine Schnute. Oder guckt auf der Tribüne beleidigt. Gut auch: mit dem Rücken zum Rasen sitzen. So kapieren die Veranstalter: Alles lässt der Westen auch nicht mit sich machen. Weiterhin möchte Yvonne Bönisch in Peking mit einem Symbolband am Handgelenk gegen Menschenrechtsverletzungen in Tibet protestieren. Recht so. Schließlich soll es in Tibet ja besonders schlimm zugehen, verglichen mit anderen Teilen der Welt. Was man so hört.

Fechterin Imke Duplitzer möchte nach dem Ende ihres Wettbewerbs »China wohl sofort verlassen«. Schade eigentlich. Denn hinterher sitzt man meistens noch gemütlich bei Bier und Würstl zusammen und meidet den Kontakt mit Nicht-Medaillen-Gewinnern.

Zumindest war es in Turin so. Für mich als Sportjournalisten werden es die zweiten Olympischen Spiele sein. Boykott kommt für mich nicht infrage. Erstens wäre es unfair den Sportlern gegenüber, und zweitens hat Michael Vesper schon sein Zimmer gebucht. Allerdings werde ich aus Protest tagsüber mein Hotelzimmer kaum verlassen. Eine stumme Solidaritätsaktion mit unseren deutschen Rentnern, die von Roman

»Altbundespräsident« Herzog beleidigt wurden. Als wären sie Raubritter auf Kosten der Jugend. Vor einer möglichen »Rentnerdemokratie« hat der ewige Rüttler und Ruckredner gewarnt. Als einer der profiliertesten Vertreter der Generation 50plus (Selbsteinschätzung) kann ich nicht zulassen, dass so mit den Zuschauern von ARD und ZDF umgesprungen wird.

Niemand kann erwarten, dass ich es mir mit zwanzig Millionen potenziellen Theaterbesuchern und Taschenbuchkäufern verderbe, nur weil die ranghöchste deutsche Gebetsmühle mal wieder in ihrer Rüstung klappert. Völker der Welt, schaut auf unsere Rentner! Als die dunklen Wolken weg waren, haben sie dieses Land aufgebaut. Im Gegensatz zur jungen Generation, die noch nichts geleistet hat. Außer natürlich Charlotte Roche! Mehr als vierhunderttausend verkaufte Exemplare ihres erotischen Pilgerromans »Muschi denn zum Städtele hinaus«. Chapeau! Und die chinesische Übersetzung kommt erst noch!

Gleitsichtbrille

Da schau her! Brillengigant Fielmann meldet ein Rekordergebnis, und das in Zeiten schwächelnder Börsenkurse. Das verdankt er der Gleitsichtbrille. Für uns nicht überraschend, besitzen wir doch selbst mehrere solcher Teufelsdinger. Natürlich nicht von Fielmann, aber auch die Lehmschicht hat's halt gern chic bei der Sehhilfe. Wie der Name schon sagt, verleiht die Gleitsichtbrille erstklassige Sicht beim Gleiten. Zum Beispiel die Treppe runter. Denn das wissen alle: Am Anfang braucht's ein bissl Eingewöhnungszeit für die neuen Gläser. Bis das Auge sich an die wechselnden Abstände gewöhnt, ist man oft überrascht über das plötzliche Ende der Treppepepepe ...

Früher hat man den Bereich zum Lesen so unten in die Gläser eingesetzt, was schwer alt wirkte. Weiterhin gab es die klassische Lesebrille, die schnell leicht doof wirkte. Vorn auf der Nasenspitze saß sie, und wenn der Träger so drüberlinste, sah es häufig so aus, als wolle er gescheiter wirken, als er in Wirklichkeit war. Heute bietet die Gleitsichtbrille alles in einem. Fast alles. Ich besitze so ungefähr fünf. Eine für den Alltag, eine fürs Lesen, eine für den Computer, eine fürs Akademisch-Rüberkommen-in-der-Öffentlichkeit, und eine habe ich gekauft, weil mir langweilig war. Sie ist von einem französischen Designer, der ansonsten aus der Mode gekommene Kloschüsseln entwirft. Und unpraktische Waschbecken. Aber die Brille ist gut und elastisch, vor allem wenn einem Kleinkinder mit den Patschhändchen ins Gesicht fahren. Dem Gleitsichtbrillenstandort Deutschland kann eine rosige Zukunft vorausgesagt werden.

Milliarden von gleitsichtigen Deutschen brauchen Hilfe. Wer bis gerade noch in Öl, Atom oder Soja investierte, sollte schleunigst umdenken. Die Altenrepublik Deutschland ist ein brillentechnisches Schwellenland. Und wer will schon stolpern! In meinem Fall kostet ein Gläserpaar 1000 Euro. Mit einem schmucken Gestell drum rum ist man schnell zwei Mille los. Das Geld liegt also förmlich auf der Straße, und mit einer Gleitsichtbrille erkennen Sie es, ohne sich zu bücken. Denn mit jedem Besuch beim Augenarzt werden neue Spezialbrillen nötig. Aktuell eine für Autofahren nachts auf Landstraßen und eine für Fahren in der Dämmerung bei Nieselregen in Fußgängerzonen. Für das geschmeidige Wechseln der Brillen bieten die Krankenkassen demnächst Schleuderkurse an. Auf Wunsch auch in der Nähe von Fielmann-Schaufenstern.

Heilpraktiker Doktor Dabic

Das ist doch Erhard Eppler, der sich eine alte Honeckerbrille aufgesetzt hat! So war unsere spontane Reaktion, als wir die Fotos von der Festnahme in Belgrad sahen. Aber nein! Natürlich war es Radovan Karadžić alias Dr. Dabic. Meistgesuchter mutmaßlicher Lyriker und noch mutmaßlicherer Kriegsverbrecher.

Einerseits sind wir froh, dass dem lange Gesuchten jetzt der Prozess gemacht werden kann. Andererseits erschreckt uns der Tarnberuf, den der gelernte Psychiater ausgeübt hat: Heilpraktiker. Ausgerechnet Heilpraktiker, werden jetzt viele sagen, die den ehrenwerten Beruf eh schon an den Rand der Unseriosität gebracht sehen. Zwar kennt jeder wahre Wundermeldungen aus dem persönlichen Umfeld: Von der Schulmedizin aufgegeben – dank Heilpraktiker jetzt Starter bei Olympia. Andererseits hört man gar häufig den Satz: Der schult jetzt um auf Heilpraktiker. Bisher waren es nur mutmaßliche Schauspieler oder mutmaßliche Schriftsteller, jetzt auch noch mutmaßliche Kriegsverbrecher.

Wer schützt angesichts solcher Scharlatane die vielen anständigen Heilpraktiker, die in der heimischen Wohnküche gewissenhaft pendeln oder durch einen Blick in die Pupille erkennen, was beim CT übersehen wurde? Hierzu kommt, dass kaum ein Heilpraktiker so heilpraktisch aussieht wie Dr. Dabic-Karadžić. Speziell durch den kleinen schwarzen Dutt auf dem Haupt hätte man ihm alles abgenommen, vom orthodoxen Patriarchen bis zum Discobesitzer, der von orange gekleideten Vollbusigen am Flughafen DUS im Rolls abgeholt wird.

Radovan Karadžić, der als Schriftsteller nicht so erfolgreich war wie zum Beispiel Peter Handke, hat zumindest auf den Fotos als Dr. Dabic eine derart heilende Aura, dass man ihm zutraut, eine komplette Intensivstation durch bloßes Durchschreiten zu räumen. Und wo wurde er verhaftet, der gelernte Spezialist für Neurosen und Depressionen? Im Bus! Natürlich, das ist zynisch und menschenverachtend, dass der mutmaßliche Kriegsverbrecher einen auf Umweltticket macht. Ein beispielloser Akt der Verhöhnung all derjenigen, die aufgrund von doofem Wohnort oder falscher Schule tagtäglich auf den Bus angewiesen sind. Und es sich nicht als zynische Attitüde leisten wie der feine Doc aus Serbien, der zumindest die Traute haben könnte, Mercedes zu fahren, wie andere mutmaßliche oder nicht mutmaßliche Kriegsverbrecher auch. Warum er erst jetzt gefunden wurde? Wir Deutsche sollten uns mit Mutmaßungen zurückhalten. Laut Statistik fehlen plötzlich 1,3 Mio. Bundesbürger. Und die können unmöglich alle Heilpraktiker sein.

Crocs

Nur fünf Prozent der Deutschen haben Aktien, aber hundertfünfzig Prozent haben Crocs. Crocs? Crocs sind klobige Gummischuhe. Bisher wurden sie von Menschen getragen, die Sätze sagen wie: »Waren wir denn heute schon auf der Toilette?« Oder: »Jetzt pikst es gleich ein bisschen, und dann werden Sie sehr, sehr gut schlafen.« Mittlere Gummiboote, in denen selbst der hühnerbrüstigste Assistenzarzt so sexy schlurfte, als wär's ein weißer Obama.

In diesem Jahr hat der Schuh, der bisher vorwiegend Landwirte vor scharfem Milchviehurin schützte, das deutsche Volk erreicht. Flächendeckend. Die Terminals von Urlaubsflügen dürfen ohne Crocs gar nicht mehr betreten werden. Erstaunlich, dass immer Menschen, denen man sonst genetisch Trillerpfeife und ver.di-Käppi zutraut, bei so was wie Crocs immer vorne dran sind. Piratenhose, zwei Ohrringe bei Vati, Crocs. Man kann es förmlich riechen. Obwohl Crocs angeblich genau das nicht tun. Zwar Gummi und made in China (Zensur? Protest? Tibet?), aber die Fangemeinde ist sich einig: Die Galoschen riechen nicht.

Müssen aber eine Nummer größer gekauft werden. Das sagen wirklich alle. Die Anzahl der Modelle ist schier endlos. Beach, Capri, Hydro, Motion usw., usw.

Klassiker ist der Crocs Cayman, den man beim Warten auf verspätete Flüge locker an der Schnalle übern großen Zeh baumeln lassen kann.

Ein Megaburner ist der Crocs Mammoth. Mit Fell. Bis zu drei Familien können da drin wohnen, sagt Berlins Finanzsenator Sarrazin. Aber die Löcher? Geben

Luft und lösen umgehend Kreativität aus. Stichwort: Jibbitz! Klingt irgendwie nach freiwillig Orangen pflücken in Israel, sind aber diese umwerfend fröhlichen Sticker, die man vorne in die Löcher auf den Crocs stecken kann. Der genaue Preis? Scheißteuer!

Irgendwas zwischen drei und fünf Euro pro Jibbitz. Aber die Kinder sind verrückt danach. Gut, es wäre billiger, ihnen die Sticker direkt in die Füße zu stechen, aber Geld ist nicht alles. Nur bitte aufpassen: Kleinkinder schlucken das lustige Teilchen schnell mal runter, also erst ab vier bis fünf Jahren schenken.

Und viel Spaß, wenn Sie das einem Dreijährigen erklären!

Demnächst lesen Sie an dieser Stelle eine Anleitung, wie man zielsicher mit Crocs die Trägerinnen von Ed-Hardy-Shirts bewerfen kann.

Einkaufsterror

Schluchz! Wir erinnern uns an die gute alte Zeit, als in der gymnasialen Oberstufe noch Aufsätze zum Thema Konsumterror geschrieben wurden. Erwartete Tendenz: negativ. Tropenwald, Afrika-Kinder und ausgebeutete Fabrikarbeiter – sie alle zahlten damals den Preis für bundesrepublikanischen Konsumterror. Gab mit diesem Fazit mindestens eine Zwei, selbst in Baden-Württemberg.

Und heute? Je nach Bildung heißt es entweder: »Ich kaufe, also bin ich«, oder: »Kauft ein, wenn ihr Deutsche seid!« Mit geradezu unerträglicher Penetranz wird zum Kaufen aufgerufen. Von allen Seiten. Selten waren sich Politik, Gutmenschen und Einzelhandel so einig. Rezession, schlimmste Wirtschaftskrise seit Arche Noah und Staatsbankrott sind das Mindeste, womit man uns im Falle anhaltender Kaufverweigerung droht. Dabei wird eh schon gekauft, als gäbe es kein Morgen mehr. 200 Busse aus Holland pro Tag in Köln und Düsseldorf, die Innenstädte schon am Vormittag verseucht von Kurzhaarmuttis im Anorak, und auf den Weihnachtsmärkten ein Gedränge, als hätte Robert Mugabe bei Nichtbesuch mit der Todesstrafe gedroht. In den Elektronikmärkten sind laut Verkäufern vor allem bei Frauen Handys um die 400 Euro der Renner.

Über Weihnachten/Silvester sind alle Flüge und Hotels ausgebucht. Die Download-Branche wächst zweistellig. Reicht das alles noch nicht? Jeder Deutsche hat zwei Autos, drei Stereoanlagen, fünf Paar weiße Stiefel und zehn T-Shirts mit lustigem Aufdruck. Ohne Blackberry, zwei Handys und Notebook steigt keiner mehr in den Zug. Fazit: Das deutsche Volk hat alles im Überfluss und möchte nicht weiter belästigt werden. Frohe Feiertage!

*»Wer bei uns zum Geldautomaten geht,
hört nur noch ein Röcheln.«*

**Von Blue Chips bis Schimpansenbank:
Ratgeber Wirtschaft und Finanzen**

Natürlich verlief das Finanzjahr 2008 etwas enttäu-
schend. Minus vierzig Prozent im DAX – da können
viele schon mal den Spaß an Aktien verlieren.

Allerdings sind es hauptsächlich Laien und Pani-
ker, die ihre schönen Papiere sinnlos und zu Schleu-
derpreisen auf den Markt geworfen haben. Die Pro-
fis warten einfach ab. Denn natürlich werden die
Kurse wieder steigen. Warum? Weil sie immer wie-
der gestiegen sind.

Natürlich sollte man neben Dividendeneinkünften
noch über andere Einnahmequellen verfügen. Es
muss ja nicht gleich eine Milliardärserbin in der Ho-
teltiefgarage sein.

Frau Susanne Klatten, die den völlig richtigen Weg
in die Öffentlichkeit weg von diesem schmutzigen Er-
presser gewählt hat, ist hier ein leuchtendes Beispiel.

Schon wenige Tage nach der unschönen Ange-
legenheit hat sie ihre Anteile an Altana aufgestockt,
womit sie wieder im Wirtschafts- und Finanzteil hei-
misch wurde und nicht länger auf den Titelseiten der
Peoplemagazine.

Wir sehen: Ein turbulentes Privatleben kann auch
in stürmischen Börsenzeiten durch richtige Akquise
wieder stabilisiert werden.

Hauptschuld am ganzen Schlamassel tragen na-
türlich unsere Politiker mit ihren katastrophalen Fehl-
einschätzungen der Gesamtlage.

Schlimmster Satz: Nichts wird mehr so sein wie
vorher. Dabei schaut vor allem Peer Steinbrück
gerne so, als würde Wolfgang Clement bei ihm im
Garten campen.

Wie falsch dieser Satz ist, kann jeder schnell bei sich persönlich überprüfen. Aufstehen, Kaffee aufsetzen, duschen, Frühstück, Job (hat man wieder), abends lecker zum Italiener – wer Fernsehen und Zeitungen meidet, kriegt nicht mal den Hauch einer Finanzkrise mit.

Man frage nur den traditionellen raffgierigen Einzelhandel und wird erstaunt sein, wie freimütig begeistert er sich über das Weihnachtsgeschäft 2008 zeigt.

Außerdem haben nur acht Prozent der Deutschen Aktien – was natürlich ein Fehler ist –, waren also gar nicht betroffen, als Adolf Merckle auf fallende Kurse bei VW spekulierte.

Dieser Fall gehört mit seiner gespenstischen Mischung aus schwäbischer Knausrigkeit, Bauernschläue und dramatischem Finale zu den großen Szenarien des Börsenjahres 2008. Adolf Merckle, Besitzer unter anderem von Ratiopharm und ansonsten verschachtelt in einem weitverzweigten Imperium, hatte sich mit Spekulationen über den Kurs der VW-Aktie dermaßen in finanzielle Schwierigkeiten gebracht, dass er sogar das Land Baden-Württemberg um Hilfe bat. Sie wurde abgelehnt. Die Verhandlungen mit verschiedenen Banken über einen Überbrückungskredit sollen aber erfolgreich gewesen sein.

Doch wenige Stunden, bevor dieser Text beim Verlag abgegeben werden musste, meldete BILD.de: Deutscher Milliardär! Selbstmord. Adolf Merckle wirft sich vor Zug.

Wie also geht es weiter? Kaum wird der DAX solide über die 5000 sein und sich einigermaßen kontinuierlich Richtung 6000 bewegen, werden sich die Experten wieder aus ihren Löchern wagen.

Zuletzt waren sie nur mit der Unverfrorenheit zu vernehmen, niemand habe den Crash voraussehen können. Quatsch mit Soße (Kurt Beck). Natürlich haben einige Experten das Szenario vorab beschrieben, wenn auch nicht in aller Drastik.

Aber niemand wollte darauf hören. Warum auch? Es lief ja gut, und so wird es wieder sein, beim nächsten Mal und danach beim nächsten Mal und immer so weiter.

Um die Diversifizierung der Anlagen braucht man sich jedenfalls nicht zu kümmern. Wer am Jahresbeginn 2008 50 Prozent seines Vermögens in Aktien investiert hatte, bei dem waren es am Jahresende je nach Papieren zwischen 20 und 30 Prozent. Auch bei Durchschlafen. Kostolany hatte halt doch recht.

Börse philosophisch

Erst der finanzielle Totalverlust macht das Leben wirklich lebenswert. Dies hätte man zwar schon früher wissen können, aber die jüngsten Entwicklungen an unseren Finanzmärkten haben es uns mehr als deutlich vor Augen geführt. Und quasi ganz umsonst.

Um der Situation eine philosophische bis religiöse Dimension zu verleihen, leisten vor allem die Edelfedern in unseren Feuilletons beinahe Übermenschliches.

Von einer Kernschmelze ist die Rede, mehrfach wurde empfohlen, die Embryonalstellung einzunehmen. Ist das nicht naiv? Aus verblichenen Jugendbriefen geht hervor, dass die Embryonalstellung möglicherweise bei Standardsituationen wie einem Atombombenabwurf Linderung verschaffen kann. Aber schützt sie auch, wenn von draußen eine Spätabtreibung vorbereitet wird?

Zuverlässig hat auch der Papst darauf hingewiesen, dass die ausschließliche Orientierung am Mammon geradewegs ins Verderben führt. Ohne an den Worten des Hl. Vaters ruminterpretieren zu wollen: Geld an sich ist natürlich auch im Vatikan nichts Schlechtes und wird gern in größeren Mengen gesehen. Allerdings sollte dafür dann mindestens mal Michelangelo zum Tapezieren kommen.

Verwunderlich: Die Deutschen hauen jährlich Fantastilliarden raus für Ayurveda, Yoga und irgendwelche Tchi Bumms. Warum hat noch niemand die meditative Kraft tiefroter Börsenkurse entdeckt? Anstatt sich in Krisengebieten den Ölfingern hygienisch zweifelhafter Halbasiaten auszusetzen, genügt es beispielsweise, sich täglich 20 Minuten vor n-tv-Text-Seite 216 zu konzentrieren. Das tiefe, würdevolle Rot der Verlustprozente ermöglicht einen positiven Energiefluss entlang der Körpermeridiane. Die 24 vor dem Komma beim Daimler-Kurs löst eine Tiefenatmung aus, wie sie sonst nur nach sechs Wochen Tibet erlebbar ist.

Und wer nur zehn Minuten »Realwirtschaft« vor sich hin summt, wird Resonanzräume in sich entdecken, tief unterhalb des Beckenbodens. Auch Franz von Assisi begann seine Weltkarriere erst, als die Kohle weg war. In diesem Sinne empfehlen wir: sich abfinden und gelegentlich auf Wasser schauen.

8000?

Dabei war es so schön! Die Graphiker konnten sich mal so richtig austoben. In allen Schattierungen ihrer Kunst leuchtete die 8000 vor grade mal etwas mehr als einer Woche von den Titelseiten oder zumindest von der ersten Seite im Finanzteil. Wann würde der Dax das Allzeithoch von 8136 Punkten endgültig rauschhaft übertrumpfen? Und jetzt das! Sog nach unten! 1,6 Prozent im Minus! Blue Chips geben auf breiter Basis nach! Unsere geliebten Blue Chips, die im Taumel der Bald-knacken-wir-die-9000-Euphorie geradezu als dramatisch billig bewertet wurden. Und dann noch die Dividende! Wenn es am vorigen Wochenende klingelte, haben wir aus dem Fenster geschaut, ob vielleicht schwerreiche Malaysier oder Inder vorgefahren waren, um containerweise Dax-Werte zu kaufen. Oder sind jetzt die Hausfrauen an die Börse zurückgekommen, und man hat es uns verheimlicht? Denn auch das war zu lesen: Anders als im Jahr 2000 steht doch diesmal alles auf einer gesunden Basis. Nur institutionelle Anleger, garantiert blasenfrei, und der Laie steht am Rand und hat den Aufschwung verpasst. Anders als damals seien es auch nicht nur die Telekommunikationswerte, welche die Hausse stützen. Nein, Auto, Maschinen, Banken, Chemie – einfach alles brummt in Richtung 10 000.

Aber wehe, wenn die Hausfrau kommt! Dazu gibt's keinen Stopp und keinen Loss, dann kracht alles nur noch nach unten. Dazu noch der Immobilienmarkt in den USA und die Zinsen in Europa. 4,7 Prozent sind bei Bundesanleihen schon wieder drin. Gut, das haben bis vor Kurzem VW-Aktien an einem Tag gemacht, aber da wussten wir auch noch nichts von den Stützlinien, die es angeblich jetzt zerbröselt hat, und was von den glasklaren Analytikern angeblich schon Sonntag vor zwei Wochen erkannt wurde. Und damit zur Frage, die sich ans Jammerszenario immer unmittelbar anschließt: Sind das jetzt schon wieder Kurse, bei denen man einsteigen sollte? Im Prinzip ja. Außer man berechnet im Hobbyanalystenlabor, wann der Boden erreicht ist. Und 2003 stand der Dax schon mal bei ungefähr 2200. Traumhaft. Bargeld natürlich vorausgesetzt.

Jahresendrallye

Die Finanzkrise ist vorbei. Der Dax steuert zielstrebig auf die 20 000 zu, vorausgesetzt, er kann die Unterstützungslinie bei 8093kommafuffzich dauerhaft nach oben durchbrechen.

Die Gründe hierfür liegen auf der Hand. Wo immer eine Bank zehn Milliarden Dollar abschreibt (Fachausdruck für in die Tonne kloppen), steht in Sekundenschnelle ein Institut aus Singapur, Dubai oder Katar bereit, um nahezu selbstlos zu helfen. Das war nicht immer so. Noch vor wenigen Jahren sahen sich Schweizer Banken in jedem dritten Abiaufsatz dem Verdacht ausgesetzt, ganz heimlich Milliarden von Waffenschiebern und bösen Tyrannen zu bunkern. Motto: Vati in der Höhle, Familie in Genf. Aber man ist nicht nachtragend. Wo immer sich eine Gelegenheit bietet, werden satte Prozente an der Bank übernommen. So bekommt die Formulierung »europäische Spitzenbanken orientieren sich immer stärker nach Asien« einen neuen, schönen Sinn. Für den Verbraucher hat das nur Vorteile.

Bank, Hotel, Fluggesellschaft – alles in einer Hand. Auswirkung hat es nur auf die Fernbedienung im Hotel, wo deutschsprachige Sender zunehmend erst auf den hohen Zwanzigernummern liegen. Einfacher lässt sich der Boom in Fernost nicht symbolisieren. Und die Abgeltungssteuer? Ist für Bankkunden erst ab 09 ein Thema. Lediglich Spitzenkräfte aus C-Parteien haben bereits in diesem Jahr die Partnerin abgestoßen, da nach mehr als zehn Jahren Ehe die Spekulationsfrist abgelaufen war. Gewinne mitnehmen war noch nie falsch. Und wohin jetzt mit den frei gewordenen

Mitteln? Rohstoffe, Energie und Indexfonds sind die einheitlichen Empfehlungen der Experten, die gerade ihre Tipps vom letzten Jahr herabgestuft haben von »wegschmeißen« auf »in der Pfeife rauchen«. Sinnvoller Vermögensaufbau für die Altersvorsorge ist nur möglich durch kräftige Beimischung von Aktien. Jetzt ist der ideale Zeitpunkt zum Einstieg, denn kurz vor Weihnachten lässt kein Fondsmanager die Kurse nach unten krachen. Das wäre unfair und käme bei den Parteien der Mitte schlecht an.

Sprechen Sie mit Ihrem Berater von der Schimpansenbank, dann sehen Sie den Dax nur noch im Rückspiegel. Viel Glück!

Rezession (1)

Nein, dass es so schlimm kommen würde, hat uns wirklich niemand gesagt. Erst jetzt erfahren wir nach und nach: Amerika ist pleite, in England stürzen die Häuser ein, und wer bei uns zum Geldautomaten geht, hört nur noch ein Röcheln. Aus dem Automaten. Die Banken leihen den Banken kein Geld leihen kein Geld leihen kein Geld. Die Weisen aus dem Wirtschaftsland warnen: Bald (Sommer oder so) greift die Stimmung auf die Gesamtwirtschaft über.

Die Stimmung, die ist überhaupt gefährlich. Mies ist sie. Beispiel Autoindustrie: Meldet die meisten Wagen auf sich selber an und lässt die Verkäufer gegen die Langeweile im Kreis fahren. In der Nachbarschaft sieht man am Glascontainer dieselben Barbour-Jacken wie im Vorjahr, und wer sich scheiden lassen wollte, rauft sich noch mal zusammen. Kein Wunder, die minus fünfunddreißig Prozent an einem Tag bei der Hypo Real Estate lassen den fad gewordenen Partner in günstigerem Licht erscheinen. Und dann der Ölpreis. Gerade noch ein ohrenbetäubendes Knackgeräusch bei hundert Dollar, jetzt auf Talfahrt. Ist Gold als Nächstes dran? Die Verkäuferin im Supermarkt ziert sich selbst bei kleinen Barren. Kein Wunder, wo doch in Japan schon der Ausblickindex im Minus ist. Und zwar dicke. Ehrlich gesagt, wussten wir bis heute früh nicht mal, dass es so was gibt wie den Ausblickindex. Gibt es auch einen Zitterindex? Oder einen Panikfonds?

Und ist jetzt der richtige Zeitpunkt, in diese beiden einzusteigen? Aber mit welchem Geld? Wir sind doch nach dem fünften Dax-Rekord-in-Folge-Jahr voll investiert geblieben. Denn a) ist Altersvorsorge ohne Aktien nicht möglich und b) war ja die Finanzkrise vorbei. Abgeschrieben. Bleibt noch die Frage: Was kriegen die Nokia-Arbeiter in Bochum am letzten Tag? Ein Handy – oder eine Rose wie damals bei BenQ?

Crash?

Leider wurde die leichte Abwärtstendenz an unseren Börsen während der letzten Tage missbraucht, um einen Crash herbeizuschreiben. Von unkontrollierter Panik war die Rede. Dabei wäre kontrollierte Panik viel angebrachter.

Nacktes Entsetzen könnte einen nämlich bei der Vorstellung packen, der Dax würde bereits so um die sechstausendblumenkohl einen Boden finden. Wann, bitte, soll man dann nachkaufen?

Zweitausendfünfhundert – das wäre ein Dax-Stand, der Spaß macht. Schließlich sitzen wir alle auf einem Cash-Anteil von gut fünfundneunzig Prozent unseres Gesamtvermögens (der Rest sind Immobilien, Textilien und Naturalien. Sowie natürlich jede Menge Imponderabilien). Muss wirklich erwähnt werden, dass wir im vergangenen Sommer bei knapp über achttausend Punkten aus allem raus sind? Selbstverständlich nach Ablauf der Spekulationsfrist. Schließlich war der Dax noch nie höher, die heutige Situation war also vorhersehbar, ohne überhaupt hinzuschauen. Hüstel, hüstel. Vernünftige Altersvorsorge ist ohne Aktien nicht machbar. Eine Binse, die man nicht oft genug wiederholen kann. Das wird jeder bestätigen, der bei hundertachtzig Euro noch mal Allianz auf Kredit gekauft hat.

Deutsche Qualität ist weltweit gefragt. Deshalb gehören MAN unbedingt ins Depot (Kaufsignal ab 22 Euro). Reiseweltmeister partizipieren am Boom, deshalb macht die Entwicklung von TUI Richtung vier Euro Spaß. Und zweifelt jemand ernsthaft am Einstiegskurs von 0,25 Euro für die Commerzbank, kurz vor der Europameisterschaft? Nur die Telekom bleibt unnachgiebig irgendwo bei 14 Euro. Unfassbar stabil. Und das schon seit Jahren!

Steuerfragen

Sind Knastklamotten steuerlich absetzbar? Muss für Fahrten im Polizeiwagen ein Fahrtenbuch geführt werden? Und wie sind Kaffee und Brötchen während der U-Haft in Bezug auf geldwerten Vorteil zu sehen? Noch vor Kurzem konnte niemand ahnen, dass der unbescholtene Steuerhinterzieher sich neuerdings mit solchen Fragen auseinandersetzen muss. Aber seit unsereins bei Posträuber nicht mehr nur an Horst Tappert und »Die Gentlemen bitten zur Kasse« denken kann, muss die Geschichte der Einkommensteuererklärung neu geschrieben werden.

Wichtigster Punkt: Wie möchte ich rüberkommen, wenn mich die Staatsmacht zu Hause abholt? Bisher gab es zwei Modelle: a) Ronald Biggs, entspannt in Flip-Flops und Polohemd an der Copacabana, der zwischen straffen Brüsten und knackigen Hintern Richtung Polizei-Jeep schlendert. Oder b) Mafiaboss Luigi Irgendwas, der nach 30 Jahren Versteck im Hinterzimmer von Mamma Leone zwischen Carabinieri in einen Alfa steigt und dabei wesentlich gesünder aussieht als der herkömmliche deutsche Steuerberater.

Beide Varianten waren persönlich akzeptabel, denn man erwartete instinktiv die Ansage: »Danke, Kinder, wir haben's im Kasten, Mittagspause für das ganze Team.« Jetzt müssen wir unzählige Bilder aus dem neblig-trüben Deutschland fürchten, die eindeutig beweisen: Ja, er ist es. Da war keine Zeit mehr für eine Gesichtsoperation (lange Zeit der Klassiker: der gesichtsoperierte Posträuber, der frech und unerkannt in der Kantine von Scotland Yard Tee trinkt). Ab sofort wissen wir: Steuerhinterziehung ist irgendwie unsexy. Miese Bilder und unterm Strich auch zu wenig Kohle. Viel geiler ist es zum Beispiel, einen deutschen Fernsehsender zu kaufen und drei Jahre und ebenso viele Milliarden später wieder Tschüss zu sagen. Ganz legal und unter lautem Beifall der Politik.

Außerdem macht Steuerhinterziehung beim Volk unbeliebt. Schwarzarbeit, illegal runterladen und die Glasplatte vom Couchtisch durch Beschiss bei der Versicherung bezahlt kriegen – okay, macht doch jeder. Aber sich wie die da oben die Taschen vollmachen – pfui Deibel, Bsirske hilf! Und was entgeht einem erst, wenn wir bei Steuerprüfungen auf spannende Fragen verzichten müssen? Etwa, ob die Lederunterhose für den Deutschen Fernsehpreis anschließend auch noch privat genutzt wurde? Oder welcher Mehrwertsteuersatz für einen Schauspieler anzusetzen ist, der zwar fremde Texte benutzt, sich diese aber nicht merken kann? Und wie lange wird das Gästeklo in einem Luftschutzbunker abgeschrieben?

Da geben wir doch lieber Herrn Altbundespräsident Herzog einen unverbindlichen Tipp, da wir von ihm lesen, er wüsste gar nicht, was er mit einer Million machen soll: Weiber und vom Rest lecker Eis essen gehen. Nix für ungut!

Gesine-Zuschlag

Heute beschäftigen wir uns mit einem Thema, welches wir zuletzt im November 2005 auf der Agenda hatten: die Reichensteuer. Auch bekannt als Millionärssteuer. Bereits damals war der Hinweis notwendig, dass nicht jeder Reiche automatisch Millionär ist. Dies muss nun präzisiert werden, denn nach den neuesten Plänen der SPD ist praktisch jeder reich, der arbeiten geht und am Monatsende noch was übrig hat. Viele sind das nicht, deshalb soll jetzt auch schon jeder ran ab 250 000 (verheiratet) bzw. 125 000 Euro (ledig). Natürlich im Jahr. Denn wer solche Summen im Monat verdient, versteuert nicht in Deutschland. Im November 2005 beliefen sich die Summen noch auf das Doppelte. Aber mittlerweile ist alles teurer geworden (Diesel, Milch), also muss der Staat früher zugreifen.

Steuererhöhungen wären als Mittel ungeeignet. Sie treffen vor allem den Mittelstand (sofern nicht abgerutscht), der vor der endgültigen Verelendung auch noch schnell die Linkspartei wählt. Gerade das möchte Kurt Beck als wichtigster Mitarbeiter von Andrea Nahles verhindern, deshalb verfiel man auf eine hübsche Idee: Senkung der Abgaben. Rente und Soziales und so. Davon sind die Reichen unberührt, denn sie sind traditionell Selbstständige und leben Vollgas im Hier und Jetzt. Rente ist ihnen zu Riester.

Für die Reichen soll dafür wieder die Vermögenssteuer aus der Mottenkiste geholt werden, was den Einkommen an der Grenze zu 125 000 Jahreseinkommen einen riesigen Motivationsschub verschaffen dürfte. Deutschland ist eines der ärmsten Länder der

Erde. Niemand, der ein Herz hat, kann die sechsköpfige Familie in den »Tagesthemen« vergessen, die sich nur noch einmal pro Woche Eis leisten kann. Aber vielleicht ließe sich mehr Verantwortungsgefühl erzeugen, wenn man das Finanzielle humaner, ja weiblicher ummantelte: Warum nicht einen Gesine-Schwan-Zuschlag? Eine Art Kandidatinnen-Soli. Schließlich wird die dynamische Professorin im kommenden Jahr viel frischen Wind in unsere Demokratie bringen. Machen wir sie einfach zur Charity-Lady unseres Steuersystems!

Gerade die Spitzenverdiener würden ohne Murren zehn Prozent Zuschlag beim Höchststeuersatz akzeptieren, wenn sie wüssten: Ja, es ist für Gesine. Wer Bundespräsidentin werden will, gerade weil sie den aktuellen Amtsinhaber so schätzt, der kriegt auch niedrigere Abgaben durch höhere Steuern vermittelt, bei denen am Ende alle mehr in der Tasche haben.

Deutschland spart

Deutschlands Verbraucher haben Angst. Nicht vor elektrischen Schiebetüren im Baumarkt oder vor mehr als 200 Metern vom Parkplatz zum Stehcafé, wie man vorschnell vermuten könnte. Nein, es ist die Angst vor immer höheren Benzin-, Öl- und Gaspreisen. Deshalb verzichten viele auf das jährliche neue Auto oder die schicke neue Couch. Sparen ist angesagt. Außerdem: Tut's die alte Couch nicht noch, wie man früher gesagt hätte? Sind durchgesessene Polster mit noch warmen Sitzmulden nicht ein Zeichen beständiger Werte? In Zeiten des hektischen Wandels? Und wer braucht überhaupt noch eine Couch, wo doch alles zum Public Viewing geht?

Früher brauchte man die Couch für Besuch und bei Ehekrisen, wenn Mutti samt Bettzeug für drei Tage das eheliche Schlafzimmer verließ. In Zeiten zerfallender Familien hat sich auch das Gepenne auf der Couch erledigt.

Als Irrtum erweist sich auch die Mär vom hohen Benzinpreis. Richtig teuer ist nicht der Sprit, sondern die Tanke als solche. Kein Mensch fährt bloß zum Tanken an die Tanke. Knabbergebäck, Schokolade, Eis, Illustrierte mit Nackten drauf, Kaffee to go oder to bleib, leckere Bockwürste aus dem Warmhalter oder vorgeschnitzte Eiswürfel – nirgends lässt sich so locker und bequem einkaufen wie an der Tankstelle. Wer diesen Verlockungen widerstehen will, sollte sich den Sprit per Internet nach Hause kommen lassen.

Aber auch unsere 826 000 deutschen Vermögensmillionäre drehen mittlerweile jede Frau zweimal um, bevor sie es krachen lassen. Investierte man früher ungeniert in flippige Zukunftsgaranten wie ProSiebenSat.1 oder Air Berlin, ist jetzt Festgeld angesagt.

Nur noch 44 Prozent des Vermögens unserer Superreichen stecken in Aktien. Zwischen Dubai und Singapur sind »Sparbuch« und »Bausparvertrag« die erfolgreichsten Begriffe unserer Goethe-Institute. Der volkswirtschaftliche Schaden darf dabei nicht vernachlässigt werden. Wer sich nur alle zwei Wochen ein paar Schuhe kauft, hat irgendwann unsere Schuhindustrie auf dem Gewissen. Wer sich das AKW im Garten am Wochenende schwarz zusammennagelt, anstatt es nach ordnungsgemäßer EU-Ausschreibung von Fachfirmen im vorgeschriebenen Abstand zum Grill errichten zu lassen, sollte demnächst auf Fähnchen am Auto verzichten. Patriotismus jedenfalls sieht anders aus.

Der Großteil der Erdbevölkerung wäre froh, wenn er shoppen gehen könnte. Aber es fehlt entweder am Geld oder an Ware. Meistens fehlt beides. Aus Respekt für diese Menschen sollten wir ab sofort wieder kaufen wie bekloppt. Alles andere wäre blanker Zynismus.

Der Streubesitzer

Familie Schaeffler, aufgepasst! Meine Conti-Aktien kriegt ihr nicht unter 150 Euro das Stück! So, das wäre mal klar. Denn der kleine Aktienfreund rieb sich in den letzten Tagen verwundert die Augen: zweistellige Kurssteigerungen beim Autozulieferer Continental. Ansonsten Dax-Zahlen, so rot wie die Rosen im Nachmittagsprogramm der ARD.

Aktienliebhaber – und wer wäre keiner? – hatten derartige Kurssprünge zuletzt bei Klingeltonanbietern zu Zeiten des Neuen Markts erlebt. Wäre man Insider mit entsprechendem Wissen, hätte man mit Continental-Aktien in der vergangenen Woche locker dreißig Prozent Gewinn machen können. Und das in einer Zeit, in der immer wieder die 6000 Punkte getestet werden. Richtig abwärts, versteht sich. Wir wissen nicht, warum Familie Schaeffler aus dem Fränkischen Continental haben möchte. Wir wussten bis letzte Woche nicht mal, dass es Familie Schaeffler gibt.

Geschweige denn, dass sie zu den hundert reichsten Familien der Welt gerechnet wird. Das liegt daran, dass es sich bei Firma Schaeffler um einen Familienbetrieb handelt. Klein, sympathisch, überschaubar. Nur ein paar Zigtausend Mitarbeiter weltweit – da geht der persönliche Kontakt zwischen Chefin und Mitarbeitern nie verloren.

Zahlen müssen nicht veröffentlicht werden, bei Familienbetrieben hat man die im Kopf. Anders als etwa bei einer gigantischen Aktiengesellschaft wie Air Berlin, von der auch immer wieder im Zusammenhang mit Fusionen die Rede ist. Aber dann werden Zahlen veröffentlicht. Vermutlich will Familie Schaeffler Continental haben, weil Conti in Hannover sitzt. So wie Familie Porsche VW auch hauptsächlich deshalb haben will, weil man verrückt auf Wolfsburg ist. Was gestern Bayern war, ist morgen Niedersachsen. Inklusive feschen Ministerpräsidenten ohne Kanzlerambitionen (»Ich bin kein Alphatier«).

Um nun bei Conti die Mehrheit oder das Sagen oder beides zu haben, braucht Familie Schaeffler Conti-Aktien. Gaaaaaanz viele. Nach allem, was zu hören und zu lesen ist, hat man schon mal angefangen mit Kaufen. Aber über sechzig Prozent der Aktien befinden sich in Streubesitz. Oma Kassupke, Lieschen Müller, Erwin Piesepampel – alle haben irgendwann mal ein paar Conti-Aktien gekauft. Geiler Laden, hübsche Dividende, und Reifen werden immer geklaut. Auch unsereins hat sich mit Conti eingedeckt. Nicht viel, knapp unter der Meldepflicht. Jetzt sollen uns ungefähr 74 Euro pro Stück geboten werden. Hallo? Die waren schon mal stramm bei 111? Für 74 Euro verlassen wir nicht mal das nächtliche Wälzlager. Keiner gibt sich mit 74 Euro zufrieden. Keiner? Nicht ganz. Die Aktionäre von ProSiebenSat.1 wären durchaus ansprechbar.

Hilfe, mein Geld!

Müssen wir bald alle wieder arbeiten gehen? Der aktuelle Crash an den Weltbörsen schürt bei vielen Kleinsparern die Angst, nicht mehr von Zinsen und Dividenden leben zu können. Doch so schlimm muss es nicht kommen. Denn die Experten sind durchweg zuversichtlich. Pussy Zaster, Chefanalystin der Investmentbank Lehmann, Kahn & Enke, sieht in naher Zukunft eine gesunde Basis, um wieder in Aktien zu investieren: »Bald ist der Turnaround geschafft. Der Dax fällt vielleicht noch bis 5400 oder 5200. Auch 4900 halte ich noch für denkbar. Aber Mitte 2009 könnte er schon wieder 8275 Punkte erreicht haben. Wenn er nicht vorher auf 1600 fällt. Spätestens dann ist aber ein idealer Zeitpunkt, wieder zu investieren.«

Wichtig: dann die richtigen Werte kaufen! Welche das sind, möchte Isaac Shwizetropf von Fiasco Fund zum gegenwärtigen Zeitpunkt noch nicht präzisieren. Fiasco hat die aktuelle Krise relativ unbeschadet überstanden. Man hat rechtzeitig antizyklisch investiert: »Schweizer Rubel und russische Kronen. Da hat man relativ geringe Volatilität. Und wenn, dann nur nachts.«

Ludwig Schreiner von der Raiffeisenbank St. Zipfel fühlt sich an den schwarzen Donnerstagnachmittag von 1974 erinnert: »Damals sind leider viele in Panik geraten.« Sein Haus investiert streng nach der Regel: »Kaufen und dann nicht mehr reinschauen«. Ende der 90er hat man die kompletten Ersparnisse der Kundschaft in den Neuen Markt gesteckt. Ein Glücksfall. Der ist von der heutigen Talfahrt überhaupt nicht betroffen.

Und was ist mit Gold? Das Edelmetall hatte zuletzt stark an Wert verloren. Adolf Lafontaine, persönlich haftender Alleingesellschafter des piekfeinen Privatbankhauses Schmidt, Schmidt, Schmidt & Schmidt in Frankfurt (Oder), hält Gold für unverzichtbar: »Falls es noch schlimmer kommt, mit Enteignungen oder so. Gold kann man notfalls auch runterschlucken. Das hält sich.« Noch positiver äußert sich Bim Bam Bum, der von Hongkong aus über mehrere Private-Equity-Firmen rund 40 Mrd. Dollar steuert (Stand: Mittwoch letzter Woche, Freitag waren es ein paar Nullen weniger). Der Sohn bettelarmer Liechtensteiner Einwanderer (die Eltern kamen vor zwei Wochen per Anhalter in die ehemalige Kronkolonie) ist überzeugt: »Wenn sich der Rauch erst mal verzogen hat, boomen vor allem Finanzwerte. Genau wie Telekommunikation, Stahl, Windenergie und Autos.« Auch Zulieferer, Elektro und Versicherungen hält der Kultbanker für ein Schnäppchen. Außerdem Soja, Zink, Kupfer, Essig und Öl. Denn Geld ist ja bekanntlich nie weg. Nur woanders.

Das Fieber der VW-Aktie

Vergesst Las Vegas! Den wahren Kitzel bringt in diesen Tagen der An- und Verkauf von VW-Aktien. Für den gediegenen Zocker beginnt der Börsentag exakt um neun Uhr vormittags mit einem ersten Blick auf die schon mehrfach gewürdigte Textseite 216 bei n-tv. Mal schauen, wie Deutschlands Aktie Nummer eins dieser Tage die Nacht verbracht hat. Mit etwas Glück gibt es schon ein Schüsschen Adrenalin vorab, wenn erst Seite eins von zwei erscheint. Seite eins endet unten mit Henkel, der Kurs so tief wie der Messbecher in der Persil-Packung. Dann springt die Seite um, und wir fragen uns: Hat draußen einer versehentlich das Kabel angebohrt? Hat's auf dem Dach in die Schüssel gehagelt? Oder gibt der Fernseher gleich den Geist auf?

Mitten in einem tiefroten Zahlenmeer ein irres grünes Leuchten! Plus 64 Prozent! 218 Euro geklettert gegenüber dem Vorabend! Liegt's an Piëch? An Wiedeking? Oder hat Magath die Finger im Spiel? Wir belasten uns nicht mit irgendwelchen komplizierten Theorien über Leerverkäufe und verliehene Aktien. Für uns steht fest: Spielerherz, was willst du mehr? Den Tag verbringen wir vor dem Fernseher. Wichtigste Frage: Lohnt sich bei 650 Euro noch der Einstieg? Diese Frage haben wir uns auch schon bei 95, 220 und 410 Euro gestellt. Klares Fazit: In diesen Tagen ist der Weg das Kursziel. Zumindest bei VW. Noch mal Kaffee-holen-Gehen kann ein kleines Vermögen kosten. Zaudern bei 650, nachschenken und Schinkenbrot machen, und zurück aus der Küche, steht sie bei 780. 130 Euro vergeigt wegen dem blöden Kaffee (für den korrekten Genitiv ist die Wut zu groß). Ähnlich ergeht es uns bei Spielen von Hoffenheim, ARD-Text Seite 251. Rausgehen, Bier holen und den Kühlschrank wieder auffüllen, zwei Tore.

Die VW-Aktie pendelt ungefähr im 2-Stunden-Rhythmus. Wer im Stundentakt kauft und verkauft, kann an perfekten Tagen alle zwei Stunden etwa 150 Euro pro Aktie mitnehmen. Das erste Mal über 1000 Euro haben wir verpasst, weil wir ängstlich und zaghaft bei 915 Euro raus sind. Wir haben festgestellt: Die Aktie ist wie Fieber. Abends steigt sie. Erste Hysteriker fordern, das Papier von der Börse zu nehmen. Dabei heißt es doch immer: Kaufen schützt vor Rezession. Versteh einer die Börse!?

Rezession (2)

Deutschland rutscht in die Rezession. Darauf haben die fünf Wirtschaftsweisen hingewiesen, gewissermaßen als Rezensenten der Rezession.

Wer sind diese fünf Weisen, und warum sind sie so wichtig? Es sind die Superhirne der Nation, die man sich als eine Mischung aus Hausaufgabenbetreuung und Nachhilfelehrer der Bundesregierung vorstellen darf. Obwohl sie nur zu fünft sind (immerhin zwei mehr als damals in Bethlehem), haben sie die Fließbänder in unseren Fabriken und die Kassen der Kaufhäuser voll unter Kontrolle. Kein Witz: Sie kennen praktisch jedes nicht gebaute Auto und jede nicht verkaufte Jeans persönlich.

Jetzt haben die Weisen das Konjunkturpaket der Bundesregierung als Sammelsurium bezeichnet. Obwohl viele Deutsche sich gerade in den Wochen vor dem Fest auf das traditionelle Konjunkturpaket gefreut haben, wird es diesmal nicht ausgeliefert. Grund: Die Post muss Tausende Mitarbeiter entlassen. Da ist es für das Volk nur ein schwacher Trost, dass der Ex-Chef bereits verhaftet wurde.

Stattdessen will Finanzminister Steinbrück Milliarden in die Hand nehmen. Auch der Laie versteht, dass das nicht genügt. Wenn er das Geld schon in der Hand hat, soll er damit bitte auch um sich schmeißen.

Steuersenkung, Verlängerung des Arbeitslosengeldes, Verdoppelung des Urlaubsgeldes bei gleichzeitiger Verdreifachung der Urlaubszeit, fünftausend Euro Begrüßungsgeld für jeden Studenten – verdammt noch mal, Wirtschaft ankurbeln kann so einfach sein!

Wer mehr netto vom Staat kriegt, der will gar nicht erst für brutto arbeiten gehen. Wie schlecht es unserer Schlüsselindustrie, dem Autobau, bereits geht, erkennt man an den gespenstisch leeren Autobahnen. Wie zynisch muss eine Generation sein, die Kinder ohne prägenden Ferienstau aufwachsen lässt?

Dass blitzgescheite private Initiative dennoch nicht am Ende ist, wird von der Lokalpresse in Köln gemeldet. Hier soll ein Fonds gegründet werden (Produkt Podolski), mit dessen Hilfe Poldi von den Bayern zurückgeholt werden könnte. Konzept: Jetzt einzahlen und später von Poldis Jahrhundertverträgen profitieren! Klingt irgendwie interessant für reiche Frauen mit Lust auf was Seriöses.

Konsumscheck

Schon wieder droht eine tolle Idee zerredet zu werden: der Konsumscheck. Um endlich aus der bösen Rezession rauszukommen (wir berichteten), möchte die Bundesregierung Schecks zum Einkaufen verschicken.

Direkt an ihr geliebtes Volk. Supi! Hammer! Wunderbar! Trotz vieler Gegenstimmen sagen wir hier, warum die Idee ein echter Weihnachtsknaller ist. Geplant sind Schecks von 500 Euro pro Erwachsenen. Die kriegt jeder von S wie Supertalent bis S wie Susanne Klatten. Kann ich damit schon shoppen? Nicht ganz. Jeder muss noch um 200 Euro persönlich aufstocken, dann geht's los.

Stopp mal! Nicht jeder Deutsche hat noch aufstockmäßig 200 Euro. Kein Problem. Unsere Regierung der Herzen hat an Kinder, Hartz IV und Kinder mit Hartz IV gedacht. Die kriegen 250 Euro, können sie aber direkt in DVDs oder so umsetzen. Man muss kein Peter Zwegat sein, um blitzschnell im Kopf zu rechnen: ein Megaangebot vor allem für kinderreiche Familien mit einigen Hartz-IV-Empfängern im Haushalt. Beispiel: Vater, Mutter, acht minderjährige Kinder und zwei, die schon Transferleistungen beziehen, kommen locker auf 3500 Euro. Netto. Nikolausmützen mit Blinkbommel auf, vorglühen auf dem Weihnachtsmarkt – und dann ab in unsere Konsumtempel. HDTV, MP3, Playstation … und immer zahlt der Peer. Das neue Handy sichert Arbeitsplätze, zum Beispiel in Rumänien. Wir sind EU! So wird die Wirtschaft angekurbelt, und im Frühjahr sind die Halden bei den Autohändlern ratzeputz leer gekauft. Sparen ist verboten. Wenn ein Ban-

ker einen Scheck angeboten kriegt, muss er ihn runterschlucken. Erlaubt: Handwerkerrechnungen bezahlen.
Zum Beispiel den freundlichen Elektriker, der weiß,
wie man die Kaminfeuer-DVD aus dem Player kriegt.

Tschüss Wirtschaftskrise! Hallo Wachstum! Das kauf
ich euch ab!

*»Verzweifelt gesucht: eine geniale Schwuchtel,
die schreiben kann.«*

One world, one school:
Kultur, Bildung und Wissenschaft

Leck mich am Arsch, kann ein einzelner Mensch so gescheit sein? Und das in jungen Jahren?

Dieser Aphorismus that mich spontan anspringen, als ich mich zum ersten Mal ausführlicher mit den Texten von Daniel Kehlmann beschäftigte.

Bisher hatte ich hauptsächlich überlegt, ob Kehlmann wohl mal mit Felicitas von Lovenberg was am Laufen hatte. Frau von Lovenberg, die etwas blaustrümpfig rüberkommende Literaturchefin von der FAZ, ist Kehlmann verfallen. Das spürt man bei jedem ihrer Texte. Auch kürzlich wieder bei ihrem Interview anlässlich des einzig erlaubten Vorabdrucks eines Kapitels von Kehlmanns neuem Roman Ruhm *in der FAZ-Beilage* Bilder und Zeiten.

Schon im Einleitungstext zum Interview schreibt Frau von Lovenberg: »... noch bevor der Kaffee kommt, sagt der Schriftsteller lauter kluge Dinge.«

Vielleicht ist das eine perfekte, nein, vorzügliche, oder – mein Gott, schon das Lesen solcher Texte lässt plötzlich einen Wortschatz in mir aufsteigen, welchen ich bisher nicht einmal geahnt hatte – vermutlich ist das also eine trefflliche *Charakterisierung des Schriftstellers Daniel Kehlmann. Vielleicht auch des Menschen. Denn so töricht (super Wort!) kann nun wirklich nicht einmal die lesewütigste Hausfrau sein, den Menschen K. mit dem Schriftsteller K. zu verwechseln.*

Hier muss ich meine Notizen für einen Augenblick unterbrechen, denn die Vorstellung eines durchkopulierten Wiener Nachmittags zwischen Kehlmann und von Lovenberg heizt mich hoch, als käme der

Humboldtstrom aus der Steckdose. Hahaha, ein hübscher Kalauer, bei dem sich vermutlich auch Schopenhauer weggeschmissen hätte.

Schopenhauer wird im Büchlein Requiem für einen Hund, *auf welches ich vielleicht später noch ausführlicher zu sprechen komme, als Hauptzeuge in Sachen Humor, Ironie und Comedy angeführt. Humm, humm, wahrlich ein Fall für Kenner.*

Kehlmanns Bestseller Die Vermessung der Welt *habe ich nicht gelesen. Dazu fehlt mir die Zeit. Ich habe aber mal eine halbstündige Lesung daraus gehört. Im Bordkino der MS Deutschland, dem Traumschiff. Gelesen hat die von mir für toll befundene Schauspielerin Eleonore Weisgerber mit ihrer tollen Stimme.*

Frau Weisgerber gehörte nicht zum Ensemble der Traumschifffolge, sondern war als sogenannte Lektorin an Bord. Man liest zwei- oder dreimal und bekommt dafür die Reise gratis. In diesem Fall inklusive der Möglichkeit, Machu Picchu zu besichtigen. Da bot sich Kehlmanns Roman natürlich an, denn er spielt ja im weitesten Sinn da unten.

Es war also irgendwo in Äquatorbreite, als ich nachmittags in der angenehmen Kühle des Bordkinos zwischen lauter Kehlmann-Afficionados der Stimme von Eleonore Weisgerber lauschte.

Schon beim zweiten oder dritten Satz schweiften meine Gedanken ab, von der tollen, ausgebildeten Stimme der Eleonore Weisgerber und ihrer professionellen Phonetik, ihrer über Jahre trainierten Sprechkultur, hin zu dem verrotteten Gesindel aus dem Schauspieler- und Taschenbuchschriftstellerwühltisch, welches ohne Talent und Können Millionen von Hörbüchern volllallt, mit denen wir dann in Illustrierten und an der Tanke belästigt werden.

Huch, ist das schon Hass? Oder nur Schmähung und Geschimpfe? Denn über solche Unterscheidungen unterhalten sich in Requiem für einen Hund *Daniel Kehlmann und sein Eckermann Sebastian Kleinschmidt.*

sk/ (so wird Kleinschmidt im Buch abgekürzt) liefert dk/ (Richtig, that's Dannyboy!) das Stichwort.

sk/ ... Bernhard ist ja ein Virtuose der Schmähsucht.

dk/ *Schmähsucht ist das Gegenteil von Satire. Schmähsucht ist ein Schimpfen ohne Erkenntniswert, während Satire ein Blick auf die Welt ist, der vom Unterschied zwischen Ideal und Wirklichkeit lebt, der die Welt als gefallen wahrnimmt und darüber lacht ...*

sk/ ... Bei Bernhard kommt hinzu, dass man mehr als vierzig Seiten solch einer Hasstirade nur schwer ertragen kann. Es wird schnell zur Leier, und die Sache dreht sich im Kreis.

dk/ *Mir geht es jedenfalls so. Zumal es eher Geschimpfe als wirklicher Hass ist. Ich mochte Bernhard nie. Wo immer bei ihm die reale Welt ins Spiel kommt, stimmen die Details nicht ...*

Eine Ungeheuerlichkeit! Eine Unverfrorenheit und derartige Gemeinheit, kurz vor dem zwanzigsten Todestag des Genies aus Obernathal, dass man sich einen hinterbliebenen Lebensmenschen wünscht, der naturgemäß im Auftrag des verstorbenen größten Dichters Österreichs und also deutschen und somit europäischen und damit naturgemäß Weltzeugen des vergangenen Jahrhunderts ein für alle Mal und damit endgültig und für alle Zeiten den Besuch der

Aufführungen Bernhard'scher Theaterstücke verbietet, insbesondere des Stückes Minetti, *welches der Welttheaterregisseur Luc Bondy mit dem Weltschauspieler Michel Piccoli in Lausanne oder Paris oder naturgemäß in irgendeiner anderen Welttheaterstadt inszenieren wird.*

Dabei versteht dk/ durchaus was vom Theater. Er hält Schauspieler für charakterlos, womit er völlig recht hat. Er führt die Charakterlosigkeit auf das Hinterherhecheln nach Rollen einerseits sowie die ständige Verwandlung in fremde Charaktere andererseits zurück.

In diesem Zusammenhang scheint mir die fulminanteste Brandauer-Beschimpfung erwähnenswert, die vermutlich jemals erschienen ist, und zwar in Klage *von Rainald Goetz.*

Klage *ist eine Sammlung von Blogs, die Rainald Goetz für die Homepage von Vanity Fair geschrieben hat. Im Gegensatz zu den Millionen von armseligen Trotteln, die ihren hinverbrannten Gedankenmüll tagtäglich ins wehrlose Internet ejakulieren (Schmähung pur, ohne jeden Erkenntniswert, Anm. d. Verf.), ist Goetz natürlich ein großartiger Autor. Wer* Klage *als Roman liest, wird immer wieder vor Begeisterung aufschreien. Auch im ICE, wo er von liebenswerten Menschen umgeben ist, deren Gemütslage er nicht zu beurteilen vermag, fehlt ihm doch ein Papagei, der beim Betreten eines Restaurants »Ein Bier, ein Bier« ruft.*

Die Brandauer-Beschimpfung von Goetz kann ich trotzdem nicht teilen. Ich bin ein Fan von Klaus Maria Brandauer. Zu meiner Zeit als Schauspielschüler wurde Brandauer fast religiös abgelehnt. Er stand für altes, bürgerliches Theater. Natürlich hat diese

Arroganz von Schauspielschülern Brandauer nie erreicht. Er hat ganz einfach eine Weltkarriere gemacht. Jetzt ist er zusammen mit Peter Stein das hottest Couple des aktuellen Theaters. Wallenstein, Zerbrochener Krug – Stein und Brandauer ziehen alles durch und scheren sich einen Dreck um Tendenzen und Meinungen.

Mein Freund Claus Peymann, den ich entdeckt habe und der ohne mich heute vergessen wäre, hat mir in einer schummrigen Nische des Berliner Ensembles anvertraut, wie wichtig Klaus Maria Brandauer etwa für das Wallenstein-Ensemble war und wie heilfroh er geradezu sei, ihn im Ensemble zu haben. Nur nach Brandauers Gage dürfe ich ihn nicht fragen. Hab ich auch nicht.

Dumme Jungs

Jetzt auch offiziell: Jungen sind dumm! Nicht nur das, sie sind sogar noch dümmer als Mädchen. Schuld daran: natürlich die Schulen. Dort gibt es fast nur noch Lehrerinnen, die selbstverständlich als Vorbilder nicht taugen.

Auch in den Familien sind Männer eher selten anzutreffen, weshalb Jungen nichts Kerliges mehr haben, woran sie sich orientieren könnten. Bei den Lehrerinnen überwiegen zwei Typen: die überforderte Referendarin mit Piepsstimmchen und die Burn-out-Pädagogin, Modell Endstufe, deren letzte schulische Weiterbildung mit dem Doublegewinn des 1. FC Köln zusammenfällt.

Beide sind eingebettet in ein nahezu komplett weibliches Kollegium, dessen zentrale Themen innere Kündigung, gescheiterte Ehen sowie vorgezogener Ruhestand sind. Gemildert durch Restalkohol. Natürlich – und die bisher betont sachliche Darstellung macht es vielleicht nicht genügend deutlich – sind solche Lehrerinnen mit den genetisch bedingten Verhaltensweisen männlicher Schüler überfordert: Messer werfen, MP3-Player hören und gynäkologisches Fachvokabular in eine rustikale Alltagssprache übersetzen – mit diesen urmännlichen Aktivitäten wird man auf kaum einer pädagogischen Hochschule konfrontiert.

In der Folge sind Jungen im Schnitt eine Note schlechter als Mädchen, weshalb viele die Hauptschule ohne Abschluss verlassen. Nur ein sehr geringer Teil davon fällt als schnauzbärtiger Fernsehkoch der Gesellschaft nicht übermäßig zur Last. Was tun? Nun, richten wir unsere Aufmerksamkeit doch kurz auf Länder wie Indien oder China. Dort werden eher Mädchen als Belastung für die Haushaltskasse empfunden. Natürlich verbieten sich für unseren aufgeklärten Rechtsstaat inhumane Konsequenzen aus der pränatalen Diagnostik. Aber Denkanstöße darf doch wohl nicht nur ein Rapper mit Migrationshintergrund geben. Ermuntern wir also unsere jungen Männer (ja, wir ham noch welche), sich wieder für den schönen Lehrerberuf zu begeistern. Und fragen wir uns gleich noch, warum selbst Absolventen bayerischer Elitegymnasien stöhnen: Ich kann den Dalai Lama nicht mehr sehen!

Buchmesse

Nach Wiesn und Cannstatter Wasen lädt jetzt das dritte große Volksfest zu Spaß und Gaudi: Die Frankfurter Buchmesse is ozapft! Zwei- oder dreimal die Woche klatschen uns derzeit kiloweise Literaturbeilagen ins Haus, denen es so geht wie den Büchern, die darin besprochen werden: Keiner liest sie.

Einerseits ist das schade, denn einzelne Werke sind wirklich empfehlenswert. (Darüber schreibe ich gleich. Dies ist eine Joschka-Fischer-Formulierung, gehört bei Beckmann. Wann immer der Inhaber einer Consulting-Firma Wichtiges mitzuteilen hatte, hieß es: Darüber schreibe ich im zweiten Band. Vielleicht den demnächst als Erstes rausbringen, hm?) Andererseits sind die zentralen Themen beispielsweise in der neuerdings unverschämt jungen FAZ (Glückwunsch zum neuen Layout! Vor allem junge Frauen reißen seither das Blatt an der Tanke förmlich aus dem Ständer), also im Literaturteil der FAZ sind die zentralen Themen in einer kurzen Unterzeile zusammengefasst: Julia Francks Roman »Die Mittagsfrau« rührt an die Schicksalsfrage unserer Gesellschaft. Dialog mit einem Toten: Katja Lange-Müllers schnoddrig-zarte Liebesgeschichte »Böse Schafe«. Michal Witkowskis Tunten-Dekameron »Lubiewo«. Michael Köhlmeiers Jahrhundertroman »Abendland«. Ganz wichtig – und das ist uns einen neuen Absatz wert: Der Dichter Durs Grünbein entdeckt sein Schöpfungsprinzip im Wortunfall!

Das sind nur einige Titel, die ungetrübten Lesespaß bei einem Glas Rotwein am gemütlich flackernden Bildschirm versprechen. Jetzt aber zu den eingangs versprochenen Empfehlungen, mit denen sich in diesem Herbst vor allem echte Kerle zum Schmökern auf die Couch kuscheln können. Zunächst wären das Einar Schleef und Thomas Bernhard. Das dritte Tagebuch von Einar Schleef (Suhrkamp) könnte Lebenshilfe für Männer bieten, die sich in ihrer aktuellen Beziehung etwas isoliert fühlen. Auch für den 2001 verstorbenen Rabauken aus der Zone lief es zwischenmenschlich nicht immer optimal – genau das Richtige für gestresste Leidensgenossen, deren Denken in diesem Herbst genauso enthemmt ist wie ihre Sexualität. Das bereits 1984 erschienene »Holzfällen. Eine Erregung« (schon wieder Suhrkamp) von Thomas Bernhard erscheint jetzt neu innerhalb der Gesamtausgabe. Eine hübsche Gelegenheit für alle, die im Text gern farbig markieren: Wann schreibt der kühle Lobbyist, der das Burgtheater aufgrund 30 Jahre alter Spielpläne beschimpft, weil er vielleicht selbst gern Burgtheaterdirektor geworden wäre? Und wann der abgründige Beobachter der menschlichen Hinfälligkeit, als solcher reich, mitreißend und grandios? Die genauen Unterschiede herausgearbeitet hat Daniel Kehlmann, der für Nachfragen aber natürlich keine Zeit hat. Nicht anrufen!

Und wem danach der Kopf schwirrt: Entspannen mit Wolfgang Schmidbauers »Das Buch der Ängste« (Blumenbar Verlag). Mehr als 500 Phobien, zu jeder Jahreszeit. Keine Angst!

Büchner-Preis

»Es scheint in dieser Versammlung einige empfindliche Ohren zu geben, die das Wort ›Blut‹ nicht wohl vertragen können.«

Nein, so sprach natürlich kein Kurt Beck auf dem SPD-Parteitag, auch kein Franz Müntefering. Mit diesem Satz beginnt die berühmte Rede des St. Just in Georg Büchners »Dantons Tod«. Sie findet ausführliche Beachtung in der Dankesrede des diesjährigen Georg-Büchner-Preisträgers Martin Mosebach. Wie zu lesen, soll es darüber zu erhitzten Diskussionen gekommen sein. Hallo? Vielleicht, weil der Preisträger sich gestattete, ein kleines Halbsätzchen anzufügen. St. Just sagt: »Ist es denn nicht einfach, dass zu einer Zeit, wo der Gang der Geschichte rascher ist, auch mehr Menschen außer Atem kommen?« Mosebach ergänzt: »… dies erkannt zu haben und dabei anständig geblieben zu sein …« Das hat kein Büchner gschribn, das hat kein Schiller dicht, also sprach Heinrich Himmler in Posen vor SS-Führern.

War St. Just ein Nazi? Steht die SS historisch auf einer Stufe mit den Akteuren der Französischen Revolution? Oh, là, là!

Das ist aber ein gaaaaanz heikles Thema, da lässt unsereins mal besser die Finger von, sonst fordern Übereifrige noch, das Datum für unseren Nationalfeiertag zu überdenken. Fest steht: St. Just war nahe bei den Menschen! Nicht in dem Maße wie der sinnenfrohe Danton, aber als kongeniale Erfinder der Agenda 1789 warfen sie sich höchst erfolgreich die Köpfe zu. Gemeinsam mit dem ein Stück weit gefühlskalten Robespierre bildeten sie eine Troika, die fast zweihundert Jahre lang nicht ihresgleichen haben sollte.

Kleiner Tipp für lange Autofahrten: die St.-Just-Rede auswendig lernen! Ich habe sie im Kopf, seit ich sie vor dreißig Jahren für die Aufnahmeprüfung an der Schauspielschule einstudiert habe. Ob Grippewelle oder Aufstände irgendwo – man sieht die »Tagesschau« mit anderen Augen, bedenkt man die Frage: »Was liegt daran, ob sie an einer Seuche oder an der Revolution sterben?«

Lokführerstreik, Pendlerpauschale und ALG I – alles nicht direkt beunruhigend, vergleicht man es mit der Überlegung von St. Just: »Soll überhaupt ein Ereignis, das die gesamte Gestaltung der moralischen Natur, das heißt der Menschheit, umändert, nicht durch Blut gehen dürfen?«

Und auch das Rettende wächst. Am Schluss ruft Revolutionärsgattin Lucile Desmoulins: »Es lebe der König!« Keine Kehrtwende. Eine Weiterentwicklung.

Erhörte Gebete

Verzweifelt gesucht: eine geniale Schwuchtel, die schreiben kann.

Dies wurde mir schmerzlich bewusst nach der Lektüre des Romans Erhörte Gebete von Truman Capote (erschienen bei Kein & Aber, Zürich). Der Titel ist einem Satz der Theresia von Avila entnommen: Es werden mehr Tränen über erhörte Gebete vergossen als über nicht erhörte.

Das Werk mit etwas mehr als 200 Seiten liest sich locker in zwei Nächten durch. Es eignet sich aber auch bestens als Teil eines Capote-Nachmittags, gerade zu Jahresbeginn. Denn der fällt in unseren Medien nun wirklich nicht sehr erfreulich aus. Knüppelnde Horden und zerfetzte Leiber, wohin das Auge blickt. Dazu innenpolitisch noch die Aussicht auf Mindestlohn, Lokführerstreik und Landtagswahlkämpfe – wohl dem, der in diesen Zeiten schon mittags eine Flasche Roederer Cristal köpfen kann.

So geschehen auch im Kapitel La Côte Basque, gleichzeitig Name eines New Yorker Restaurants, wo der nicht übermäßig fiktive Erzähler des Romans von einer lieben Freundin allerlei Wissenswertes über Jackie Kennedy, die Ehefrau von Walter Matthau sowie das Sexleben der Gouverneursgattin von New York und der Ehefrau eines »Late-Night-Kaspers« erfährt. Es ist müßig zu rätseln, wer sich hinter den Personen verbirgt, die nicht mit ihrem Originalnamen erwähnt werden. Egal, wen man vermutet, es trifft immer die Richtigen.

Und wer mag der bedeutendste amerikanische Dramatiker der 50er/60er-Jahre sein, dessen englische Bulldogge den Autor (des Romans, nicht dieser Kolumne) im Central Park sexuell fast ans Limit brachte?

Während der Lektüre hatte ich immer die nölende Sprechweise von Philip Seymour Hoffman im Ohr, der im Film Capote die Hauptrolle spielte und dafür einen Oscar bekam. Deshalb empfiehlt es sich, an einem dieser Januarnachmittage – am besten vor der zweiten Flasche Roederer – die DVD mit eben diesem Film einzulegen, ergänzend zum Buch. So stellt sich ein Gefühl ein, dass einem vor Freude der Lachs springt, wie es im Roman heißen würde. Als passendes Gericht dazu würden wir gern ein Soufflé Fürstenberg speisen, welches wir noch von keinem der lästigen Brutzler in ihren Kochsendungen kredenzt bekommen haben.

Und unsere kulturbeflissenen Tunten? Können entweder nicht schreiben oder gifteln nur in ihren Küchen mit Dachschräge vor sich hin und wollen es sich mit keinem verderben. Aber dass einer mal so richtig literarisch wertvoll über alles kübelt, was frech aus den Hochglanzmagazinen herausschaut, das fehlt. Aber das Jahr ist ja noch jung. Unerhört.

Schulhölle

Sie schreien, sie krampfen, sie wälzen sich: Deutschlands Schüler sind fertig. Leider ist das Thema G8 (alternativ auch Turbo-Abi) in den Schlagzeilen schon wieder etwas nach hinten gerückt. Natürlich, ohne dass sich was getan hätte. Konnte auch niemand erwarten, aber gut, dass wir mal drüber geredet haben. Zur allgemeinen Beruhigung erst mal die Fakten:

Noch vor Morgengrauen schleppt sich Deutschlands Zukunft in Gestalt von übermüdeten Schülern aus den Häusern. Zentnerschwere Ranzen drücken auf die fragilen Knochen. Gott sei Dank wenigstens ohne Pausenbrot (vergessen) und Turnzeug (liegt seit Advent im Spind). Kurz nach acht rollt eine Lawine von Lernstoff über die kleinen Gehirne, außer natürlich in den Fächern (1., 2. und 4. Stunde), die ausfallen (Lehrer krank, Lehrerin bei kranker Mutter, Referendarin beim Allergietest). In den übrigen Stunden werden Filme geguckt.

Völlig vorbei an den Bedürfnissen der Kinder ist, was im sogenannten »Unterricht« angeboten wird. Zum Beispiel Fremdsprachen. Ganze Stunden werden verplempert, indem unverständlich rumgeplappert wird (Französisch, Latein). Besonders sinnlos ist Englischunterricht, das lernt man sowieso irgendwann automatisch. Wozu Geschichte? Sie ist vorbei.

Chemie? Physik? Hier wird ständig von unseren Nobelpreisträgern Neues entdeckt, und wenn ein Apfel vom Baum fällt, hebt man ihn halt auf. Diese Zeit könnte sinnvoller für zweistündige Pausen genutzt werden, denn kein normales Kind schafft es in 15 Minuten zu McDonald's und zurück. Und hastig essen macht dick.

Viele Eltern haben ihre Kinder seit Jahren nicht mehr gesehen. Wenn die Schule um 16 Uhr vorbei ist (nach Doppelstunde Mathe! Sinnlos! Pyramiden sind gebaut, und jedes Handy hat Taschenrechner), verschwinden die Kleinen in ihr Zimmer. Sechs Stunden Hausaufgaben. War früher nicht nötig. Wurde während Reli in der Schule erledigt oder morgens im Bus abgeschrieben. Aber deutscher Kinder-IQ sinkt seit Jahren dramatisch (schuld sind einfältige Mütter, die Kind nicht ab zweiter Lebenswoche in Betreuung zu serbischer Verfassungsrechtlerin im Sabbatical geben). Wir Eltern fordern: Gebt unseren Kindern die Kindheit zurück! Wer mit vierzig erst zu Hause auszieht, braucht mit siebzehn noch kein Abi. Führerschein mit sechzehn, Abi mit zwanzig und ab dreißig ins Praktikum – so kommt die Globalisierung menschlich rüber.

Baden-Baden

Die Banken krachen zusammen, der Bruder von Ivan Rebroff hat Antoine de Saint-Exupéry abgeschossen, und Werder Bremen steht kurz vor der Zweiten Liga – ja gibt's denn jetzt vor Ostern gar keine Freud mehr? Aber natürlich! Soeben erreicht uns die Nachricht, dass Florian Henckel von Donnersmarck (genau, unser Oscar-Preisträger) Wagners »Ring« inszenieren soll. Bisher war das eher die Musik der anderen, die es sich leisten konnten, tagelang in Bayreuth der Geschichte von Liebe, Hass und »Hojotoho!« zu folgen.

Von Donnersmarck aber soll in Baden-Baden inszenieren, seit jeher eine Oase für melancholische Künstler, die es im Lebensherbst in die Nähe von Offenburg zog. Ob Dostojewski oder Tschechow, vor allem Russen schätzen seit dem 19. Jahrhundert die gute Luft an den Spieltischen sowie die Ruhe, die nur dann und wann durch den Schuss eines Duellanten/Selbstmörders zerrissen wurde. Auch bei Tolstoi verbringen die Besserverdiener komplette Sommer an der entschleunigenden Oos, während daheim das Volk mit bloßen Händen nach Öl gräbt. Und nicht zuletzt haben bei der legendären Popwelle SWR3 die Karrieren von Klaus Kleber, Frank Plasberg, Anke Engelke und vielen anderen begonnen. Zeit also, dass Baden-Baden auch künstlerisch der Rang zuteilwird, den es in Sachen Bäder, Massagen und Lymphdrainage schon längst hat. In der Schwarzwaldmetropole endet der Jugendwahn an der Autobahnabfahrt. Gelingt Regisseur von Donnersmarck der Jahrhundertring, auf den wir

Wagnerianer so sehnlichst warten und der uns im 2-Stunden-Takt versprochen wurde?

Aber seit diesem verrückten Franzosen damals in Cowboystiefeln (können Sie sich auch keine Namen merken?) warten wir vergeblich. Schuld daran hat hauptsächlich Richard Wagners Verwandte Nike, die das Rezept für den perfekten »Ring« versteckt hat, aber vergessen, wo. Auch Wagners legitimer Nachfolger Christoph Schlingensief blieb bisher hinter den Erwartungen zurück. Mit seinen Wuschelhaaren und den ollen Jeans wäre er sowieso kein Typ für Baden-Baden. Das ist unseren Senioren nicht zuzumuten, dass sich so einer nachmittags ins Café fläzt. Wenn es stimmt, was die Gazetten melden, könnte man jetzt schon mit dem Ausflippen beginnen: Christian Thielemann soll dirigieren! Musikalisch können wir es gar nicht beurteilen, aber optisch gäben Thielemann und von Donnersmarck ein deutsches Doppel ab, das Rammstein wie eine Boygroup aus dem Grand-Prix-Vorentscheid erscheinen ließe.

Bitter ist der Aufstieg Baden-Badens für Bayreuth. Natürlich hat sich die Infrastruktur kurz hinter Herzogenaurach verbessert, seit Tschechien zur EU gehört. Aber was ist das gegen das Weltbad im Osten Frankreichs, nur eine Stunde vom Shopping-Paradies Zürich entfernt und praktisch auf Gehabstand zum Europapark Rust? Dazu die exzellente wirtschaftliche Lage Baden-Württembergs, eines der reichsten Länder der Erde, in dem Wahlen einen ähnlichen Stellenwert haben wie in Singapur. Hier wird Bayreuth unverschuldet in den Erbfolgestrudel der bayerischen Landespolitik gezogen, der vor allem ausländische Investoren abschreckt. Oder schauen sich reiche Russen aus dem Hubschrauber Immobilien rund um den Grünen Hügel an, die durch scheidungsbedingte Privatinsolvenz auf den Markt gekommen sind?

Vorhang auf!

Nike und Gérard

Kann in Bayreuth funktionieren, was bei DFB und FDP versagt hat: die Doppelspitze?

Diese Frage treibt uns Wagnerianer um, seit mit Nike Wagner und Gérard Mortier das hottest Couple des internationalen Musikbetriebs seine Bewerbung in und um und um den Ring rum geworfen hat. An der künstlerischen Qualifikation der beiden agilen sechzig Plusser kann es nicht den Hauch eines Zweifels geben. Mortier ist die Ikone des modernen Kulturmanagements. Er hat diesen Job und sich selbst quasi erfunden. Und Nike Wagner bringt allein durch ihren strengen Blick wieder die nötige Ernsthaftigkeit auf den Grünen Hügel, die jüngst durch populistischen Schnickschnack à la Public Viewing arg gelitten hatte.

Aber zwei Chefs im notorisch egomanen Theaterbetrieb, kann das gut gehen? Erfahrungsgemäß wird das lotterhafte Sängervolk rasch beginnen, die beiden gegeneinander auszuspielen (»Das hat mir Nike zugesagt« oder »Gérard hat mir den Siegfried versprochen«). Zu wem geht man sich beschweren? Wem wirft man nach der Hauptprobe an den Kopf »Ich mach den Scheiß überhaupt nur mit, weil er in Bayreuth stattfindet«?

Derzeit könnte der Eindruck entstehen, das mühevolle Alltagsgeschäft bliebe an Frau Nike hängen, während Monsieur Gérard erst kurz vor Ultimo aus New York einschwebt. Denn dort hat er, aktuell noch in Paris unter Vertrag, bereits bei der City Opera unterschrieben. In dieser Liga der Kunstschaffenden durchaus üblich. Wer auf sich hält, hat so zwischen drei und fünf Verträgen. Einzelne Chefdirigenten können zu bis zu drei Konzerten pro Jahr genötigt werden. Auch in der Kunst werden die Zeiten härter. Die Festspiele dauern nur wenige Wochen pro Jahr und sind im Grunde rasch organisiert. Regie führt entweder ein Enddreißiger mit genialischer Aura oder ein achtzigjähriger Quereinsteiger, der neue Herausforderungen sucht. Unterm Strich ist die Inszenierung eh wurscht, die Leute kommen wegen der Musik. Und im Orchestergraben ist regelmäßig Champions League. Wer auf der Bühne nach drei Stunden nicht heiser ist, kann im folgenden Jahr in Baden-Baden richtig Geld verdienen (wir berichteten).

Einziges Problem ist die Vorlaufzeit von fünf Jahren, mit der die Künstler gebucht werden müssen. Theoretisch buchen die Erneuerer für eine Zeit, in der sie selbst vielleicht gar nicht mehr im Amt sind. Oder schon wieder. Ab 1. September wird entschieden, denn auch die Halbschwestern Katharina Wagner und Eva Wagner-Pasquier sind mit ihrem Konzept im Rennen. Hojotoho!

Bildungskatastrophe

Kann Kloppo »Jürgen« Klopp das deutsche Bildungswesen retten? Zumindest entscheidet er sich nicht zu früh. Und das ist zukunftsweisend, wenn wir dem Bericht der OECD glauben dürfen, der Organisation für wirtschaftliche Zusammenarbeit.

Denn dort hat man uns gerade bestätigt, dass die frühe Selektion (also Kfz-Mechaniker oder Chefarzt) in unseren Schulen der Hauptgrund dafür ist, dass Deutschland dem wirtschaftlichen Bankrott entgegensteuert. Trotz akuter Vollbeschäftigung und Bankenblüte.

Dem Volk, das mehrheitlich Heidi Klum für eine denkbare Bildungsministerin hält, kann das nicht egal sein. Zehnjährige sind verträumt, verspielt und stark haptisch orientiert (z. B. Steinewerfen auf den ICE). Sie kennen keine Uhr und halten »dunkel« für eine Farbe. Nach derzeitigem Stand führt das zu sofortiger Einweisung in eine Hauptschule.

Die Chancen auf einen höher qualifizierten Abschluss sind gleich null, geradezu desaströs wird es, sollten irgendwann die Casting-Shows eingestellt werden.

Gäbe es bei uns – wie fast überall in der Welt – eine Schule für alle (»One world, one school«, nicht umsonst das Motto für Peking), auf der man sich später entscheiden könnte und auf der die Grenzen zwischen den Schultypen durchlässiger wären – mehr als 100 Prozent würden Abi machen. Vor allem aus armen deutschen Angestelltenfamilien, die gegenüber reichen Ausländerkindern eindeutig benachteiligt sind. Ein weiterer Nachteil des deutschen Systems.

Gerade nach der Pubertät ist oft zu erleben, dass Jugendliche förmlich explodieren. Einmaleins, Alphabet, Grammatik – was vorher ein böhmisches Dorf mit sieben Siegeln war, ist jetzt vertrauter Alltag. Ärgerlich, wenn dann nicht einfach mal locker übern Flur zum Abi geschlurft werden kann. Und deshalb empfehlen wir Modell Kloppo: erst spät entscheiden, welche Klasse passt. Oder gleich Modell Daum: mit dem Abi anfangen und den Schulbesuch offenlassen.

E-Book

Buchhandel und Buchbesprechungen stehen an der Spitze des modernen Zeitalters. Zu diesem Schluss darf, muss und sollte kommen, wer die Berichte über den Einzug des E-Books in unsere Lesegewohnheiten verfolgt.

Aus Anlass der diesjährigen Frankfurter Buchmesse erfolgt kein Gejammer, wie man es vielleicht erwartet hätte. Verfall der Lesekultur, haptischer Hochgenuss beim Blättern und so. Sicher, es wird am Rande noch die kulturgetränkte Atmosphäre unserer traditionellen Buchläden erwähnt. Aber ihr langsames Verschwinden wird eher nüchtern zur Kenntnis genommen, geradezu lässig, um nicht zu sagen entspannt.

Dass damit auch die klassische Buchhändlerin und somit eine unserer zentralen erotischen Phantasien dem Vergessen anheimfällt, muss hier nicht eigens erwähnt werden. Wir tun es trotzdem. Noch ist nicht viel darüber zu lesen, in welcher Form das E-Book in unsere Umhängetaschen Einzug halten wird. Braucht's dafür einen neuen Apparillo? Gar so was wie ein i-E-Book, mit Coolness-Faktor XXL? Oder genügt eine neue Software, die uns den ganzen Dante aufs Handy lädt? Unsereins wird so lange wie möglich am klassischen Papier-Book mit Pages zum Blättern festhalten. Einfacher Grund: Man will doch, dass die anderen sehen, was gerade die eigene Aufmerksamkeit fesselt. Oder kann man im Laptop mit Bleistift Notizen an den Rand machen? Wer jemals im Sechserabteil des Intercity einen Thomas Pynchon in Originalsprache ausgepackt hat, weiß, wovon die Rede ist. Ähnliche

Wirkung lässt sich auch stehend im indisch vollen ICE zwischen Düsseldorf und Mannheim erzielen, bei dem der reguläre zweite Zugteil nicht angehängt wurde. Mit Benedikts XVI. »Jesus von Nazareth« im Bahnhof Frankfurt/Flughafen sich keinen Zentimeter zu bewegen, während die einen sinnlos rein- und andere grundlos rauswollen – das reicht an die Exerzitien eines Ignatius von Loyola heran.

Wie man hört, ist das wirkliche, anspruchsvolle Sachbuch in einer Krise. Könnte daran liegen, dass sämtliche Bücher von Leuten, die nicht schreiben können, mittlerweile als Sachbuch firmieren. So schafft man's schneller auf die Bestsellerliste. Könnte da der Staat nicht helfen, wenn er mit den Banken fertig ist?

Shakespeare

Für 2009 hat uns die Kanzlerin viele schlechte Nachrichten versprochen. Dagegen können wir uns wappnen, indem wir die Werke von William Shakespeare studieren.

Dieser Rat scheint überraschend, aber gerade in scheinbar schwierigen Zeiten ist es notwendig, sich in die Erkenntnisse von Meistern zu vertiefen, welche die Zeit überdauert haben.

Nehmen wir zum Beispiel »Hamlet«. Nicht nur, weil es das einzige Stück Shakespeares ist, das ich einigermaßen genau gelesen habe. Der zauberhafte Dänenprinz gilt mit seiner Geschichte nicht ohne Grund als bedeutendstes Drama der Weltliteratur. Mit »Hamlet« können wir etwa die Handlungsweise von Wolfgang Clement besser verstehen. Wo Hamlet grübelt, tritt Clement aus. Natürlich ist Dänemark nicht die SPD und der Mord am eigenen Onkel schwerwiegender als die Rückgabe eines Parteibuchs. Dennoch: Hätte Hamlet die Konsequenz des ehemaligen Superministers, wäre das Stück nach dem dritten Akt zu Ende und viele Mitwirkende noch am Leben. Hier hat sich also seit Shakespeares Zeiten viel zum Guten gewendet.

Überhaupt kann es helfen, wenn Sie sich im Gespräch als jemand präsentieren, der in der aktuellen Shakespeare-Forschung zu Hause ist. Einfach mal behaupten, Shakespeares Stücke seien zeitweise völlig ohne Schauspieler aufgeführt worden. Oder bei versemmelten Pointen hätte man die Schauspieler in die Themse geworfen. Deshalb die vielen todsicheren

Gags. Ganz wichtige Kennerformel: Shakespeare war kein Dichter, Shakespeare war ein Kontinent!

Es kann helfen, das Scheitern der Ehe von Veronica Ferres und Martin Krug ein Stück weit zu verstehen, wenn wir beispielsweise mal in »Othello« oder »Macbeth« reinschauen. Verglichen mit diesen blutrünstigen Texten hat das ehemalige Traumpaar den Wandel seiner Liebe in eine Freundschaft geradezu mustergültig praktiziert. Viel reden. Viel schweigen. Keine abgeschlachteten Vertrauten, keine plumpe Eifersucht durch verlorenes Taschentuch, kein Kissen auf dem Gesicht. Und schon gar keine Kopulation mit einem Esel wie etwa im »Sommernachtstraum«. Exaltierte Lebensformen gehören auf die Bühne. Im Alltag ist verantwortungsbewusstes Handeln von zwei Menschen, die sich einmal sehr nahegestanden haben, voller Respekt zu würdigen.

Shakespeare lesen heißt leben lernen. Selbst bei ganz finsteren Gestalten wie Richard III., Paradebeispiel des nicht integrierten Krüppels. Hat die Witwe noch am Sarg angebaggert. Immerhin war der Sarg noch da. Nicht alles wird besser. Insofern hat die Kanzlerin recht.

*»Oma schunkelt leise mit, wenn
Frank-Walter Steinmeier spricht.«*

**Ewige Liebe und ein Hauch von Glamour:
Politik & Politiker**

Die politische Klasse. Politiker zu sagen, genügt nicht, wer auf sich hält, spricht von der politischen Klasse.

Ein weiterer unverzichtbarer Begriff ist Zoon politicon. Die etwas bildungsgesättigtere Variante von Alphatier. Der bayerische Hund. Auch political animal. Joschka, Gerd, Kohl, Münte – Mitglieder der politischen Klasse, die auch schon mal herbe Niederlagen weggesteckt oder sich als Comeback Kid qualifiziert haben.

Über allen schwebt Bundeskanzler a. D. Helmut Schmidt, der von den Deutschen rund um seinen 90. Geburtstag geradezu angebetet wurde. Als wäre er eine Mischung aus Heesters, Obama und einem Schuss Prof. Ratzinger.

Der Einzige aus der aktuellen Politikergeneration, der das Zeug zum Übermenschen hat, ist Joschka Fischer. Natürlich ist Joschka längst raus aus dem Tagesgeschäft. Zu Recht bezeichnet ihn die FAZ als den »Gelehrten aus dem fernen Amerika«.

Ähnlich wie Helmut Schmidt könnte Fischer eines Tages als Herausgeber – dann allerdings mehrerer Wochenzeitungen – den Deutschen die Leviten lesen, sofern es seine Freunde und Partner im Nahen Osten nicht irritiert.

Was Schmidt über die Zigarette erreicht, erledigt Fischer mit dem Gewicht. Auch mal gerade ein 200 Kilo schwerer Fischer wäre authentischer, als es Bütikofer je war. Alle wissen: Joschka war ja mal schlank. Und wenn er will, ist er's nächste Woche wieder, und übernächste läuft er Marathon.

Helmut Kohl war immer dick. Aber Fischer ist der erste fette Rock 'n' Roller der deutschen Politik. Street credibility pur. Die Frage ist nur: Kann Minu die neue Loki werden?

Denn ein Großteil der Popularität von Helmut Schmidt ist seiner Frau Loki geschuldet. Die lange Ehe. Der Haarschnitt. Das Bodenständige. Die Eigenständigkeit.

Filmproduzentin Minu Barati dagegen war vor ihrer Ehe mit Fischer nur einem kleinen Kreis von Filmproduzentenkennern bekannt. Einem sehr, sehr kleinen.

Umso größer ist ihre Leistung zu werten, quasi über Nacht die Nachfolge von Sabine Christiansen angetreten zu haben. Als Königin von Berlin. Ein Event, auf dem sich die Barati zeigt, spielt in einer anderen Liga. Schon fragen erste Kinder ihre Tagesmütter: Wer ist denn der Dicke neben Minu?

Vermutlich haben Barati/Fischer (gab es nicht mal ein Eistanzpaar aus der DDR, das ähnlich hieß?) instinktiv erkannt, dass Helmut und Loki einer anderen Epoche angehören. Einer Zeit, in der noch vor der ersten Zigarette am Morgen Kant und Popper gelesen wurde.

Berlins Traumpaar indes lebt das Gefühl einer Generation, die verdammt lässig und entspannt zwischen Madeleine Albright und Grill Royal pendelt.

Fast scheint es, als hätten sich Bruni und Sarko an unseren beiden Mitte-Ikonen orientiert.

Vielleicht unterlässt es die Boulevardpresse künftig, Minu ständig mit dem Attribut bildschön zu versehen. Wer bildschön ist, muss es nicht dauernd lesen. Oder steht bei Franz immer der geniale Fußballer?

Wir wünschen uns mehr von diesem chillenden Lebensgefühl. We are convinced.

Politiker werden

»Mist, wie die mit dir umgegangen sind, aber schön, dass du wieder da bist.«

Grundsätzlich sind das Worte, wie sie auch Vati gern hört, wenn er abends nach Hause kommt. Im speziellen Fall spiegeln sie jedoch den Tenor der zahlreichen Mails und Briefe wider, die Kurt Beck nach seinem Rücktritt vom Amt des SPD-Vorsitzenden erreicht haben. Die Turbulenzen um diesen Rücktritt sowie die Installation des neuen Power-Duos Münte/Steini könnten zartbesaitete junge Menschen von der Politik als Beruf abhalten. Intrigenspiel, menschliche Härte, unkollegialer Führungsstil – das schreckt so manchen ab. Dabei ist auch der Job als Spitzenpolitiker durchaus machbar, wenn folgende Grundregeln beachtet werden.

1. Herkunft. Am besten immer von unten. Sympathisch, volksnah, durchsetzungsfähig. Vater einfacher Arbeiter, ehrlicher Handwerker oder weg. Sie haben es trotzdem geschafft. Durch zweiten bis vierten Bildungsweg, Förderung durch den Dorfpfarrer oder Straßenkampf. Sollten Sie aus einem Akademiker- oder gar Beamtenhaushalt stammen: Mensch bleiben, nicht abheben, Sorgen und sogar Nöte der kleinen Leute auf der Straße nicht vergessen. Deutschland ist voll mit Straßen und die mit dem kleinen Mann. Achtung: Wahlen!

2. Provinz. Zumindest in diesen Zeiten schweres Handicap. Dialekt, Kurzarmhemden, Haarschnitt. Provinz nur erlaubt als Rückzugsgebiet aus böser Globalisierungswelt. Landschaft schön, Menschen ehrlich,

Kirche im Dorf. Wichtig: Provinz, das sind immer die anderen. Im krassen Gegensatz dazu

3. Berlin. Weltmetropole, pulsierend, spannend, lässig. Wie New York in den Siebzigern. Oder London in den Sechzigern. Oder Peking in den Dreißigern, den kommenden. Alles außer Berlin ist Provinz. Gefahr für Politiker (Raumschiff, Käseglocke, Minenfeld). Nur die Besten schaffen es in Berlin (Lafo, Struck, Pflüger etc.).

4. Freunde. Unerlässlich für einen Spitzenpolitiker. Garantieren Bodenhaftung (wichtig: ehrliches Gespräch bei einem Glas Wein), besonders unerlässlich als Parteifreund. Mehrere Parteifreunde ergeben ein Netzwerk. Vernetzung mehrerer Netzwerke führt zur Hausmacht. Fehlen von soeben genannten Punkten führt zu Abgang durch Hintertür.

5. Partei. Meistens sehr störend, wird aber leider gebraucht. Regelmäßige Parteitage halten Parteivolk bei Laune, so einigermaßen. Parteimitglieder sind verrückt nach Abstimmungen. Deshalb wird dauernd abgestimmt. Zwecks Vereinfachung fallen Entscheidungen aber im Führungskreis (sehr, sehr klein). Partei erfährt davon aus den

6. Medien. Sind häufig schuld. Verzerren. Schreiben alles runter. Hetzjagd. Sensationsgeil. Haben kein Verständnis, wenn sich einer nicht verbiegen will. Werden leider auch gebraucht (siehe Partei), sind aber eigentlich Quatsch mit Soße.

Franz sauer

Mindestlohn, Auslagerung, Entsendegesetz: Als Schwarzarbeiter will einem das Bier nicht mehr recht schmecken, so wirbeln einem die Fachausdrücke durch den Hüttenkäse, der mal Hirn war. Kein Wunder, dass auch Vizekanzler Müntefering in nächtlicher Runde stocksauer gewesen sein soll. Wie noch nie, sagen solche, »die ihn kennen«. Diese Formulierung gehört zum Edelsten, was der politische Journalismus derzeit zu bieten hat. Dicht gefolgt von »Einer wird später sagen«. Das klingt nach stilistischer Brillanz dank Kargheit, irgendwie auch nach Ölberg und »Schon wissen, was passieren wird, ehe der Hahn kräht«. Passieren mit Kurt Beck zum Beispiel. Auch solche, die ihn nicht kennen, sind sich sicher, dass ihn die derzeitigen Umfragewerte nicht freuen können. Keller, Loch, Abgrund – kein nach Gesetz zu uns entsandter polnischer Bauarbeiter kann tiefer ausgraben, als es die Metaphern im Zusammenhang mit dem Beliebtheitsgrad der SPD derzeit benennen. Kommt auch bei Deutschlands immer noch größter Arbeiterpartei das Modell Hitzfeld? Holt man die Alten zurück? Schröder (Wahlkampfgenie)? Lafo (zu wertvoll, um sich die Bühne mit Sidekick Bisky zu teilen)? Oder gar Helmut Schmidt, die Ikone der jugendlichen Raucher? Übrijens – wer den polnischen Bauarbeiter für ein Klischee hält, war lange nicht mehr auf unseren deutschen Baustellen. Dort sehen wir fröhlich pfeifende Gesellen aus dem Zwillingsparadies, die es dank unserer Stundenlöhne auf der heimatlichen Baustelle richtig krachen lassen. Denn dort arbeitet der Russe für ein Drittel. Wer beim Russen arbeitet, liefern wir nach. Man sieht: Die Völker Europas gehören zusammen wie Air Berlin und der Staatsanwalt. In diesem Geiste sind auch die 50 000 Ausgelagerten der Deutschen Telekom zu sehen. Weniger Geld, mehr arbeiten und Kündigungsschutz bis 2012 – da tut sich selbst der Russe schwer.

Und was sagt die Wirtschaft? Dax bei Redaktionsschluss: 8125 Punkte.

Servus, Gabi!

Hätte sie als Lesbe politisch eher überlebt? Oder mit einem dreißig Jahre Jüngeren? Wäre ein Dax-Vorstand hilfreich gewesen? All diese Vermutungen gehen fehl. Denn mit Gabriele Pauli verlässt eine Frau die CSU, die sich auf fast schon anachronistische Weise dem Medienzirkus verweigerte.

Mochten andere auf Trallala setzen – ihr ging es stets um die Sache. Beispiel Ehe auf Zeit. Natürlich musste ihr Vorschlag, die Ehe auf sieben Jahre zu begrenzen, in der verknöcherten Machowelt unseres Parteiensystems Entsetzen auslösen. Sieben Jahre? Das hält doch kein normales Mannsbild durch! Zwei Jahre maximal, bevor aus Liebe Freundschaft wird. Am Tag, als das vermutlich leidenschaftlichste »political animal« seinen Rückzug bekannt gab, fiel der Dax um 111 Punkte. Das schafft selbst ein Manfred Schell nur an guten Tagen. Fast scheint es, als reagiere unsere Volkswirtschaft sensibler als die Amtsinhaber einer Honoratiorenpartei, die nach diesem personellen Desaster der Einstelligkeit bei der nächsten Wahl entgegentaumelt.

Gibt's noch Rettung? Wäre die rassige Landrätin nicht was fürs traditionell verruchte Brüssel? Wer gesehen hat, wie Edmund Stoiber als Bürokratieabbauberater an seinem ersten Arbeitstag kurz nach der Tür mit einem EUler kollidierte, wünscht sich einen Hauch von Glamour, wie ihn Frau Pauli stets verbreitete. In die Landesfahne gewickelt ebenso wie in Latex. Aufregung damals, als käm das Gummi von Brioni. Quo vadis, Gabi?

Eine eigene Partei? Dreißig Prozent plus x wären

drin, denn viele junge, urbane Frauen sind von den etablierten Parteien enttäuscht und wünschen nichts sehnlicher als eine Politik, welche die Vereinbarkeit von Beruf und Motorrad auch lebt. Oder erst mal zu den Grünen? Ähnlich patriarchalische Strukturen wie in der CSU, dazu noch erfolglos. Uninteressant. Linkspartei? Was soll die lebensfrohe Fränkin in der märkischen Steppe?! Nein, das will reiflich überlegt sein. Vielleicht erst mal ganz entspannt Netzwerke bilden mit Leuten, denen das Schicksal ähnliche Karten zugeteilt hat?

Chillen beim Tribute to Bambi wäre dafür nicht die schlechteste Gelegenheit.

Sarkozy, mon amour

Wir verneigen uns vor dem Präsidenten der französischen Republik. Nach nur zweimonatiger Trauerarbeit hat er die Trennung von seiner Ex überwunden und präsentiert uns seine neue Herzensdame: Carla Bruni, eine der intelligentesten Frauen der Welt. Ehemalige Architekturstudentin, Sängerin, Komponistin – so kannten wir die Tochter einer Turiner Künstlerfamilie bisher. Kaum einer wusste: Hin und wieder hat sie in der Vergangenheit auch gemodelt, u. a. für Mick Jagger, Eric Clapton und Donald Trump. Vereinzelt wurde dabei auch geknipst, und, ja, Carla Bruni sieht gar nicht übel aus.

In diesen Tagen feiert sie ihren 39. Geburtstag, und es scheint wie ein Märchen, dass ihr der mächtigste Mann der Welt (Sarko, d. Red.) in Disneyland einen Heiratsantrag gemacht haben soll. Voilà, unsere Phantasie fliegt höher als der Eiffelturm! Noch vor wenigen Tagen, als der libysche Revolutionsführer im Garten des Élysée-Palasts zeltete, haben es Nicolas und Carla da gleichzeitig im zweiten Stock krachen lassen?

Umschmeicheln den Nachfolger Napoleons ihre sanften Gitarrenfinger, während er George W. Bush am Ohr hat? Wo sind die Gedanken des französischen Präsidenten, wenn er Angela Merkel einen sanften Kuss auf die Wangen haucht?

Und warum wäre es schlechterdings nicht vorstellbar: Horst Köhler im Freizeitpark Rust, kniend vor Heidi Klum? Das hat mit der Verfassung zu tun. Seit dem Code Napoléon ist der Kaiser von Frankreich gleichzeitig auch Oberbefehlshaber in Sachen Liebe,

Sex und Erotik. Zwar schläft er allein in Versailles, aber natürlich kann er jede haben. Er muss sogar.

Denn die Franzosen verzeihen ihren Herrschern alles, nur kein langweiliges Privatleben. Knistern muss es, so wie damals, als die Geliebte von François Mitterrand auf ihrem Fahrrad neben der Präsidentenlimousine an der roten Ampel stand. Mögen in kulturell weniger raffinierten Nationen die Politiker ihre Eroberungen für die Lokalpresse auf dem Weihnachtsmarkt busseln oder sich gleich für die eigene Frau entscheiden – die Grande Nation setzt weiterhin Maßstäbe wie in den süßen Zeiten vor 1789. Jetzt sind das Model und der Präsident im eher abgelegenen Disneyland aufgespürt worden. Freuen wir uns auf den ersten Staatsbesuch, und wünschen wir den Liebenden, dass ihr sorgfältig gehütetes Privatleben respektiert wird.

Hillary Obama

Lange, viel zu lange haben wir an dieser Stelle den fundierten Kenner des US-Wahlkampfs, ja der amerikanischen Politik in toto und in uns unterdrückt. So what? Alle Analysen, die sich transatlantischen Thinktankings befleißigen, fragen relativ früh im Text: So what?

Denn seit Ohio ist alles anders. Schon wieder, übrigens. Da wir Hillary bis dato weder auf- noch abgeschrieben hatten, genügt uns heute ein kennerhaft gerauntes Ohio. Noch nie hat irgendeiner irgendwas, wenn er nicht vorher Ohio. Das Rheinland-Pfalz der USA.

Hart arbeitende Menschen in windschiefen Wohnwagen, religiös und mit Gewehr im Pick-up. Ich war nie da, kenne aber Filme. Wer sich vorschnell – vor Ohio – ein Urteil über die angeblich schon geschlagene Hillary erlaubte, der kennt Amerika nicht. Wer sich keins erlaubte, wahrscheinlich auch nicht.

Was nun, Herr Obama? Diese Frage muss sich der geschmeidige Illinoiser schon von uns gefallen lassen. Immer nur change, change. Die Menschen drüben wollen nicht länger Wechselgeld. Sie wollen Schops, Schops, Schops (Jürgen Rüttgers). Einerseits raus aus dem Irak, andererseits rein in die Bank, wo ihnen keine Sünden vergeben, aber doch wenigstens Schulden erlassen werden können.

Für Europäer ist es ermüdend, wie lange sich der US-Wahlkampf schon hinzieht. Wie zügig dagegen wurde in Russland durchgewählt! Selbst wenn Frau Clinton im August knapp vorne liegt, sie hat nicht mal eine Linkspartei, von der sie sich nach Strich und Faden tolerieren lassen kann.

Ist die politische Klasse am Potomac zu arrogant, um von Hessen zu lernen? Jetzt hängt alles von den Superdelegierten ab, moralisch hochwertige Parteifreunde, die man sich als Mischung aus Grass und von Weizsäcker vorstellen kann. Wenns knapp wird, sind sie das Zünglein an der Digitalwaage.

Leitartiklerfazit: Das amerikanische Wahlsystem muss dringend reformiert werden. Aber hat die ehemalige Supermacht den Mut dazu?

Diätenwut

Jetzt verzichten auch Bundeskanzlerin Merkel und das Kabinett auf die Erhöhung ihrer Bezüge. Zuvor hatten bereits die Fraktionsvorsitzenden dem Druck der Straße nachgegeben und ihre weisungsgebundenen Abgeordneten angebrüllt, sie könnten auch weiterhin sehen, wie sie mit circa sieben Mille pro Monat über die Runden kämen. Die Nerven liegen blank. Hauptschuldiger ist die SPD in Nordrhein-Westfalen.

Im ehemaligen Herzland der Sozen torkelt die Partei führungslos am Rand der stillgelegten Zechen und ist von der Angst gezeichnet, von Arbeiterführer Rüttgers endgültig in die Bedeutungslosigkeit verstoßen zu werden. Da kann die Raffgier der Berliner Herrschaften im Ortsverein schwer vermittelt werden. Leider ist das mit der Raffgier der falsche Eindruck. Müssten die Abgeordneten ihre Einkünfte komplett versteuern und auch noch selbst für die Altersvorsorge aufkommen, stünden ihnen etwa 15 000 Euro brutto im Monat zu. Also etwa das Zehnfache eines durchschnittlichen Sofagastes bei Anne Will. Trotz des scheinbar hübschen Sümmchens setzt sich natürlich niemand, der noch klar bei Kontoauszug ist, für derartige Beträge ins Parlament. Stichwort Gasprom.

Beispielhaft ist hier das amerikanische System, wo überhaupt nur Millionäre gewählt werden können. Unsere Volksvertreter haben in diesen Tagen also die einmalige Chance vertan, sich vom Wählermob zu emanzipieren und zu signalisieren: Ja, wir sind Elite, deshalb verzehnfachen wir unsere Bezüge. Wir reiben uns auf für ein überaltertes, auswanderungssüchtiges

Volk ohne Mittelstand, und das soll auch entsprechend bezahlt werden. Basta! Kein Wunder, dass die Jugend politikverdrossen ist, wenn unser Parlament schon beim ersten Genöle kuscht.

Wie groß die Politikerverachtung in diesem Land ist, hat einer unserer führenden Feuilletonisten kürzlich während einer Fahrt mit dem Regionalzug durch Brandenburg erspürt. Wer allerdings mit dem Regionalzug durch Brandenburg fährt, sollte seinen Karriereplan noch mal checken. Fazit: Wenige Tage vor Beginn der EM im eigentlich eigenen Land muss Schluss sein mit der Kopplung der Abgeordnetenbezüge an Bundesrichterbesoldung oder so. Schluss mit dem Schuldenabbau. Champions-League-Sieger Manchester United ist in dreistelliger Millionenhöhe verschuldet. So what? Fußballergehälter sind der einzig richtige Maßstab!

Erfolgsmodell SPD

Verdammt, warum ist die SPD so erfolgreich? Im Moment scheint die Traditionspartei alles richtig zu machen, denn wie sonst käme sie auf zwanzig Prozent Zustimmung in der Sonntagsfrage (Welcher Tag liegt zwischen Samstag und Montag?).

Zwanzig Prozent, das sind Traumwerte, die sonst nur von Günther Jauch oder dem »Tatort« erreicht werden. Wer von zwanzig Prozent aller Wähler das Kreuz bekäme, muss ein breites Spektrum abdecken. Es scheint, als sei in einer zerfallenden Gesellschaft die SPD das letzte Lagerfeuer, um das sich noch mal die ganze Familie versammelt. Und wirklich, der Partei-Dino hat für jeden etwas im Angebot: Die Frauen schwärmen für Kurt Beck, Oma schunkelt leise mit, wenn Frank-Walter Steinmeier spricht, Lehrer und Intellektuelle schauen wegen Peer Steinbrück mal rein, und die Ausgeflippten, die sonst nur Rod Stewart und Joe Cocker hören, die hält Andrea Nahles bei der Stange. Fazit: Im Kampf um die Hauptklientel der Erniedrigten und Beleidigten liegt die SPD fette fünf Punkte vor ihrem wichtigsten Konkurrenten, der Linkspartei.

Dass sich die Linkspartei so schwertut, liegt überwiegend an ihrem Frontmann Lafontaine. Als Sidekick von Gerhard Schröder gab der schüchterne Saarländer noch eine ganz passable Figur ab. Jetzt, mit den blassen Gysi und Bisky im Boot, offenbart sich fast schmerzhaft Lafontaines größte Schwäche: die Angst vor öffentlichen Auftritten! Kaum mal Talkshows, bei Reden ist er meistens nach drei Minuten wieder weg vom Pult. Ganz anders SPD-Zampano Kurt Beck, dessen Reden sich häufig über mehrere Tage ziehen. Auf Druck seiner Berater übrigens immer frei. Der Kennedy von der Mosel beherrscht von Rheinland-Pfalz aus die schwierige Berliner Szene fast nach Belieben. Und als wäre das nicht genug, präsentiert er mit Gesine Schwan jetzt auch noch eine Art weiblichen Obama, die die Werte der Partei in astronomische Bereiche katapultiert hat.

Fast schon fies, welchen Coup die SPD angeblich als Nächstes plant: Sie wünscht sich eine Verbotsforderung von Friedbert Pflüger! Ähnlich wie bei Anne Will erhofft man sich davon eine Solidaritätswelle, die auf normalem Weg nie erreichbar gewesen wäre.

Ob Angela Merkel überhaupt noch mal antritt?

Südsee

Schade eigentlich, dass Frank Bsirske die beiden Flüge jetzt doch noch aus eigener Tasche bezahlt hat. Rechtlich gesehen wäre das nicht nötig gewesen.

Zur Erinnerung: Der ver.di-Chef und Lufthansa-Aufsichtsrat war mit seiner Gattin in der Lufthansa First Class zunächst gratis Richtung Südsee gejettet. Positiv: Er fliegt schon mal mit der Airline, für die er arbeitet. Das ist durchaus nicht selbstverständlich.

Welches SPD-Mitglied zum Beispiel wählt noch SPD? Allerdings bietet Lufthansa keine Direktflüge in die Südsee. Bis Los Angeles, dann muss man umsteigen.

Zum Beispiel auf Air France, falls es weitergehen soll nach Tahiti. Durch günstige geschichtliche Entwicklung zählt der Flug quasi als Inlandsflug. Allerdings gibt's dafür keine Meilen (Achtung: geldwerter Vorteil!). Air France ist nicht Mitglied der Star Alliance. Und die meisten mir bekannten Leistungsträger fliegen lieber von Düsseldorf nach München über Murmansk, als auf Meilen zu verzichten. Wir wissen nicht, mit welcher Gesellschaft die Bsirskes weitergeflogen sind. Wünschenswert wäre eine Maschine, die erst in LA eingesetzt wird, denn der Air-France-Flug hat schon zwölf flatulenzgeschwängerte Stunden aus Paris hinter sich.

Nicht ganz nachvollziehbar ist die Idee, ausgerechnet um diese Jahreszeit in die Südsee zu reisen. Wo es doch da auch bei uns schön ist, wie man so sagt. Man hätte sich als Gewerkschaftsboss bei diversen Streiks in der Heimat eine sportliche Bräune während der

Sommermonate holen können und im Januar/Februar, wenn hier der Depri herrscht, entspannt in der Südsee abhängen. Überhaupt ist die Südsee viel weniger Südsee, als man glaubt. Sicher, die Inseln im Südpazifik zwischen Hawaii und Neuseeland sind immer noch voll von Hula, Strand und hohen Palmen. Aber wer sich die Welt von Gauguin oder Marlon Brando erträumt, sieht sich schnell enttäuscht. Falls er aus Versehen hinters Hotel schaut. Die meisten Jugendlichen wollen weg. Zukunftschancen und so. Das dürfte einem Gewerkschaftsboss wiederum bekannt vorkommen. Aber dafür kann er auch eine Sommerreise durch McPomm unternehmen. Kein Jetlag, und es klappt auch mit der Presse.

Bayerischer Ministerpräsident

Deutschland braucht Bayern! Gerade deshalb braucht der Freistaat den besten Ministerpräsidenten, wo gibt.

Bei Redaktionsschluss (dieser Ausgabe, nicht für die Bewerbung als Regierungschef) wurden die Namen Thomas Goppel, Joachim Herrmann und Georg Schmid gehandelt. Kein Zweifel, durchaus honorige Volksvertreter, die sich an der jetzt dringend notwendigen Analyse des Wahlergebnisses beteiligen und wieder genau hinhören, draußen bei den Menschen und drunten an der Basis. Nicht von oben herab und gern auch wieder mit Zigarette.

Aber mal ehrlich: Thomas Goppel hatte bisher durchaus gute Performances in bundesweiten Talkshows, Joachim Herrmann war uns dagegen eher unbekannt, und Georg Schmid fiel uns zum ersten Mal in Sigmund Gottliebs Münchner Runde auf. Einerseits wegen mythostauglicher Bereitschaft zum sofortigen Neuanfang, andererseits aber wegen seines feschen Schnäuzers, der vielleicht bei weiblichen Wahlberechtigten in Großstädten doch das eine oder andere Prozenterl gekostet haben könnte. Vor allem aber erregte er unsere Aufmerksamkeit durch einen zünftigen braunen Janker, wie ihn zuletzt Waldi Hartmann beim DFB-Pokal trug und von dem wir uns noch nicht ganz sicher sind, ob er locker hängend (Schmid) oder knackig körperbetont (Waldi) geiler rüberkommt.

Wie gesagt, wir wissen zum gegenwärtigen Zeitpunkt noch nicht, wie die Spitzen der Partei der Fraktion gesagt haben, wie sie sich entschieden haben wird. Für was in Restdeutschland, krisengeschüttelt, globalisierungsgebeutelt und finanzmarkt..., nein, man will es gar nicht hinschreiben, für uns kann es aber nur einen Ministerpräsidenten geben: Horst Seehofer!

Noch hielt er sich nur bereit. Parteichef, ja gut. Aber als Ministerpräsident hätte er sein geliebtes Berlin verlassen und nach München ziehen müssen. Ob die Familie da mitgespielt hätte? Andererseits – wenn die Heimat zwischen Spessart und Karwendel ruft, kann man sich dem verweigern? Und schließlich: Ist die Forderung, ein bayerischer Ministerpräsident müsse in München sein, nicht ebenso von gestern wie die absolute Mehrheit der CSU? Ja, wo samma denn? Eben! Im Hightech-Zeitalter. In der virtuellen Welt.

Ja sakra, wenn Billionen von Dollars in Sekundenschnelle rund um den Globus gejagt werden, da sollen ein paar Entscheidungen wie Rauchverbot oder Pendlerpauschale nicht blitzartig via Web vom Berliner Kabinettstisch aus erledigt werden können? Da könnt einem vor Zorn der Laptop in der Lederhose aufgehen!

Sollte sich die CSU (Regierungsauftrag, aber nicht allein!) nicht noch in letzter Sekunde für die Rotation entscheiden (beim FC Bayern funktioniert's ja schließlich auch), kann der Neue nur Horst Seehofer heißen – und wenn nicht, ist er jetzt schon unser Ministerpräsident der Herzen.

Ja, wir können

Das wird den neuen US-Präsidenten beruhigen: Das Ausland und die deutschen Leitartikler sind mit ihm nicht nur zufrieden, sie sind förmlich aus dem Weißen Häuschen.

Historisch. Erdrutsch. Aufbruch. Mit der bewährten Mischung aus Hellseher (»Er wird jetzt schnell …«) und Oberlehrer (»Zunächst muss er …«) erhält der künftige US-Präsident hierzulande wertvolle Tipps für einen geglückten Regierungsstart. Hoffentlich liest er alles und setzt es rasch um, denn in letzter Zeit waren wir Deutschen doch recht unzufrieden mit den Amis. Aber wir sind nicht nachtragend. Da ist es beruhigend, dass auch der verbeulteste deutsche Lokalreporter am frühen Morgen resümiert: Die amerikanische Demokratie funktioniert! Der amerikanische Traum lebt! Die Nation hat sich auf ihre ureigensten Werte besonnen! Und das ganz ohne Roman Herzog, Hans-Olaf Henkel und Friedrich Merz. Wie schaffen die das bloß, die Amerikaner?

Vorteil 1: Sie haben momentan zwar zwei Kriege, aber dafür haben sie auch kein Hessen.

Vorteil 2: Kenia. Könnte für die USA das werden, was Bayern früher für Deutschland war. Ein souveräner Staat voller Traditionsbewusstsein, dessen großer Sohn eine strauchelnde Supermacht wieder auf den richtigen Weg führt.

Vorteil 3: Nur zwei Parteien. Demokraten und Republikaner entsprechen bei uns etwa CDU und CSU. Sektiererhafte Splittergruppen wie SPD oder Grüne sind in den USA unbekannt, Altkommunisten und Neoliberale führen ein Schattendasein in gewissen Vierteln von New York oder Palm Springs. Schrullig, aber stören nicht.

Was also können die Deutschen von ihren amerikanischen Freunden lernen? Schließlich haben wir seit drei Jahren die erste weiße Frau im Kanzleramt! Aber unser Land lechzt nach einer charismatischen Erlöserfigur.

Deshalb schlägt Barack Obama hierzulande eine Begeisterung entgegen, als wäre er eine afroamerikanische Mischung aus Dalai Lama, Gorbi, Papst und Sommermärchen-Klinsi. Hat man in unseren Parteizentralen registriert, dass ein fast zweijähriger Wahlkampf zu Rekordwahlbeteiligung führt? Hausbesuche, E-Mails und halbstündige Werbespots – man weiß gar nicht, was man sich beispielsweise von Lafontaine lieber wünscht.

Ja, wir können! Leben wir unseren Traum!

Erinnern wir uns daran, was unser Land ausmacht! Wenn wir nicht aufhören, daran zu glauben, können wir hoffentlich bald die Schlagzeile lesen: Bundespräsident Peter Sodann ist zu einem dreitägigen Staatsbesuch in die USA gereist. Vorher war er aber noch zollfrei einkaufen.

2009

Man kann es dem Jahr 2009 gar nicht hoch genug anrechnen, dass es überhaupt gekommen ist. Wohl selten wurde ein Jahr schon vorab derart madig gemacht, ja geradezu als Annus horribilis verteufelt.

Dabei stehen auch dem neuen Jahr die ersten 100 Tage zur Bewährung zu, und damit wäre dann ja auch schon wieder fast ein Drittel rum. Bereits im Januar bietet die Vereidigung von Barack Obama Ausflippfaktor XXL. Millionen neuer Arbeitsplätze, ein Rettungsprogramm für die Wirtschaft insgesamt und die Anreise zum Amtsantritt per Bahn, mehr kann ein Messias in diesen Zeiten nicht versprechen.

Wäre kein Wunder, wenn die Begeisterung zu uns rüberschwappt, zum Beispiel zur Landtagswahl ins Saarland. Münte hat rechtzeitig Rot-Rot in den Ländern erlaubt. Vielleicht nimmt Oskar nach seinem Erdrutschsieg die alten Genossen ja mit ins Boot. Vorausgesetzt, die SPD schafft's in den Landtag. Sportlich interessiert und samstags ein bisschen Zeit? Dann könnte Sie 2009 der Job des Managers beim FC Bayern reizen.

Kalle will umbauen, Uli soll Aufsichtsratsvorsitzender werden, der Platz auf der Bank neben Jürgen wird frei. Aber halt! Könnte es wirklich überraschen, wenn Jürgen den Job von Uli gleich mitübernimmt? Vorbild Manchester, Wolfsburg und eigentlich auch Hoffenheim? Muss im modernen Fußball die Philosophie nicht one touch aus einer Hand gelebt werden? Absolut positiv: 2009 ohne Olympia, EM und WM. Dadurch fällt kaum auf, dass es deutlich weniger Autos gibt, um Fähnchen dran zu befestigen. Denn die wirtschaftliche Lage bleibt natürlich finster. Vorteil: Wir haben uns dran gewöhnt. 3,50 oder 800 Milliarden – irgendeiner bescheißt immer oder geht pleite.

2009 zeigt sich geradezu exemplarisch, dass eine strahlende Zukunft weg von privatem Gewinnstreben hin zu öffentlich-rechtlichem Gemeinsinn führt. Während immer mehr kluge Verleger die Minderleister in ihren Tageszeitungen im Internet entsorgen (Blog!!!), werden die Gebühren für ARD und ZDF pünktlich zum Jahreswechsel erhöht. Gutes bleibt. Vor allem 2009.

Lesen Sie Schmidt!

Sex ist dem Jakobsweg sein
Genitiv. Eine Vermessung.
KiWi 1029

Avenue Montaigne & Quadrupelfuge. Doppelband. KiWi 938

Mulatten in gelben Sesseln. Die
Tagebücher 1945-52. KiWi 913

Warum? Neueste Notizen aus
dem beschädigten Leben. Die
Focus-Kolumnen. KiWi 452

Wohin? Allerneueste Geschichten aus dem beschädigten Leben.
Die Focus-Kolumnen. KiWi 557

Tränen im Aquarium. Ein Kurz-
ausflug ans Ende des Verstandes.
KiWi 318

www.kiwi-verlag.de